本书受国家自然科学基金青年科学基金项目（项目编号：72003157）资助

数字中国建设新动能

数据要素与数字经济

陈　文　杜晓宇◎著

人民日报出版社

·北京·

图书在版编目（CIP）数据

数字中国建设新动能：数据要素与数字经济 / 陈文, 杜晓宇著.
-- 北京：人民日报出版社, 2023.9
ISBN 978-7-5115-7914-0

Ⅰ.①数… Ⅱ.①陈… ②杜… Ⅲ.①信息经济—经济发展—研究—中国 Ⅳ.①F492

中国国家版本馆CIP数据核字(2023)第137385号

书　　名： 数字中国建设新动能：数据要素与数字经济
SHUZI ZHONGGUO JIANSHE XINDONGNENG: SHUJU YAOSU YU SHUZI JINGJI
作　　者： 陈　文　杜晓宇　著

出 版 人： 刘华新
责任编辑： 刘　悦
策 划 人： 欧阳辉
封面设计： 三鼎甲

出版发行： 人民日报出版社
社　　址： 北京金台西路2号
邮政编码： 100733
发行热线： （010）65369509　65369527　65369846　65369528
邮购热线： （010）65369530　65363527
编辑热线： （010）65363105
网　　址： www.peopledailypress.com
经　　销： 新华书店
印　　刷： 大厂回族自治县彩虹印刷有限公司
法律顾问： 北京科宇律师事务所 010-83622312

开　　本： 710mm×1000mm　1/16
字　　数： 235千字
印　　张： 14.5
版次印次： 2023年12月第1版　2023年12月第1次印刷

书　　号： ISBN 978-7-5115-7914-0
定　　价： 48.00元

写在前面的话

建设数字中国是数字时代推进中国式现代化的重要引擎，是构筑国家竞争新优势的有力支撑。我们党和国家高度重视发展数字经济，提出一系列战略部署。

习近平总书记指出，当前，互联网、大数据、云计算、人工智能、区块链等新技术深刻演变，产业数字化、智能化、绿色化转型不断加速，智能产业、数字经济蓬勃发展，极大改变全球要素资源配置方式、产业发展模式和人民生活方式。中国高度重视数字经济发展，持续促进数字技术和实体经济深度融合，协同推进数字产业化和产业数字化，加快建设网络强国、数字中国。

我国正进入新型工业化、信息化、城镇化、农业现代化同步发展、并联发展、叠加发展的关键时期。党中央、国务院高度重视要素市场化配置改革工作。数据的要素化发展，推动数字经济健康发展，赋能新发展格局，是我国加快推进高质量发展的重要抓手。中国的全要素生产率因为工业化进程的推进，保持了很高的增速。在当前新型工业化持续推进的阶段，中国经济具有强大的发展韧性与活力。

数据是数字经济中的关键要素，也是未来大国经济竞争和合作的重要领域。在提升全要素生产率的过程中，数据要素市场建设承担了时代重任。

改革开放以来，我国对要素理论和实践的认识不断深化。特别是党的十八大以来，我国进一步把技术管理和数据作为要素市场中最活跃的生产要素进行规划。在培育数据市场的过程中，我们坚持"有为政府+有效市场"的有机结合。"有为政府"通过五年规划、产业政策扶持等顶层设计，推动大量新型基础设施建设投资的落地。"新基建"投资具有很强的溢出效应，能有效带动上下游产业的新型市场主体，并促使经济体不断产生以市场为基础的新型交易（交换）关系。随着经济网络变得越发庞大与复杂，推动全要素生产率提升的新增长极将不断涌现，这值得我们在理解新时代中国经济增长模式时特别关注。

新时代，经济增长动能会极大扩展，我们也必将创造全新的历史。在推进中国式现代化的进程中，我们要坚定不移推动高质量发展，而数字化全面赋能下的全要素生产率提升，必定是其背后重要的推动力量之一。

刘俏

北京大学光华管理学院院长

|目录|
C O N T E N T S

前　言……………………………………………………………001

第一章　正确认识数据与数据要素………………………005
　　第一节　生产要素………………………………………007
　　第二节　知识、信息、数据与数据要素………………013

第二章　大数据交易实践与交易模式……………………031
　　第一节　大数据交易实践………………………………033
　　第二节　大数据交易主要模式…………………………045

第三章　数据要素交易的前提：数据确权………………053
　　第一节　数据确权难点…………………………………055
　　第二节　数据确权议题中科斯定理无效………………059
　　第三节　数据确权归属…………………………………064
　　第四节　数据确权和数据分级…………………………069

第四章　数据要素交易的基石：数据定价………………075
　　第一节　数据定价难题…………………………………077
　　第二节　如何完善数据定价机制………………………081

第三节　数据定价的主流方式 ································ 084

第四节　数据定价策略 ······································ 092

第五章　数据要素交易的保障：数据治理 ············· 103

第一节　数据标准化和质量治理 ···························· 105

第二节　数据可信流通和共享 ······························ 107

第三节　数据安全和监管：国外经验 ························ 111

第四节　数据安全和监管：本土实践 ························ 128

第六章　从数据资产管理运营到构建数据资产生态体系 ······· 133

第一节　数据资产管理运营 ································ 135

第二节　全新的数据资产生态体系 ························ 140

第七章　数据要素市场建设中的"有为政府" ············· 157

第一节　政府对大数据的政策支持 ························ 159

第二节　数字政府建设 ···································· 172

第三节　政府大数据平台建设：以金融大数据为例 ·········· 184

第八章　平台经济、数字货币与数据要素市场展望 ········· 197

第一节　平台经济治理下的数据要素市场展望 ·············· 199

第二节　央行数字货币：数据治理与数据定价 ·············· 208

第三节　完善数据要素市场建设 ···························· 218

后　记 ··· 225

前　言

　　加快数字中国建设，对全面建设社会主义现代化国家、全面推进中华民族伟大复兴具有重要意义和深远影响。数据要素作为数字中国建设的重要动能，其市场体系的培育具有重大意义。在早期发展阶段，数据交易市场存在诸多乱象，数字中国建设曾为此遭受许多不利影响。加快建立数据市场的规则和制度，实现"良币驱逐劣币"，有助于让数据要素红利惠及真心实意推动数字经济发展的市场主体与普通民众，进而推动数字中国建设。

　　2019年10月，党的十九届四中全会明确将数据作为生产要素参与分配。此后，我国开展了针对数据交易市场的全面整顿，系统性地建立并完善了数据要素交易规则及配套基础设施，推动我国数据要素市场迈入规范发展的新阶段，有力助推实体经济转型升级。

　　2023年2月，中共中央、国务院印发《数字中国建设整体布局规划》，描绘了加快数字中国建设的宏伟蓝图，提出到2025年，基本形成横向打通、纵向贯通、协调有力的一体化推进格局，数字中国建设取得重要进展。数字基础设施高效联通，数据资源规模和质量加快提升，数据要素价值有效释放，数字经济发展质量效益大幅增强，政务数字化智能化水平明显提升，数字文化建设跃上新台阶，数字社会精准化普惠化便捷化取得显著成效，数字生态文明建设取得积极进展，数字技术创新实现重大突破，应用创新全球领先，数字安全保障能力全面提升，数字治理体系更加完善，数字领域国际合作打开新局面。到2035年，数字化发展水平进入世界前列，数字中国建设取得重大成就。数字中国建设体系化布局更加科学完备，经济、政治、文化、社会、生态文明建设各领域数字化发展更加协调充分，有力支撑全面建设社会主义现代化国家。

2023年3月，中共中央、国务院印发《党和国家机构改革方案》，明确提出组建国家数据局，统筹推进数字中国、数字经济、数字社会规划和建设，在顶层设计方面保障数据要素市场的健康发展。在政策实施与市场实践中，充分释放数据要素国民经济生产价值的赋能效应，需要推动破除数字要素市场培育和发展过程中的各种潜在障碍。

发展数字经济是把握新一轮科技革命和产业变革新机遇的战略选择。当下，数据要素与土地、劳动力、资本、技术并列为生产要素，新一代数字技术是创新最活跃、应用最广泛、带动力最强的科技领域，数字化转型成为全球经济发展的大趋势。本书认为，政策制定与市场运行需要围绕三个重大议题作进一步努力。

第一，切实推进政务数据和私人部门数据的开放共享。当下，高价值数据相对集中于政府部门和包括互联网行业在内的产业部门。由于数据使用方面"1+1＞2"的效果，数据的开放共享成为经济理性下的必然选择。但是，无论是中央政府和地方政府之间，政府各个部门之间，还是不同实体产业之间，以及产业内部不同企业之间，都没有很好地做到数据共享。构建一个健全的数据要素市场，需要进一步推动政府和私营部门之间的数据合规共享和使用，而不是仅停留在目前较为常见但很难有效发挥数据整合价值的初步对接。

第二，构建数据要素治理体系。在推动数据要素合规流转的过程中，数据尤其是个人数据的归属权问题十分突出。各种层出不穷的App都声称是经由个人授权后采集个人数据的，但数据的归属权究竟应当属于数据产生源的个人，还是属于搜集数据的运营方，法律上并没有明确的界定。确权模糊不清导致数据的滥用，这对于个人隐私普遍造成过度侵犯。但是数据的清晰产权界定又很难实现，抑或是界定的成本远高于其收益，这就需要通过建设数据收益权的补偿机制以推动数据使用权的让渡，从而实现相应的数据要素治理体系。

第三，建立数据管理、数据资产定价和交易体系。传统的数据管理体系存在多源异构数据难以管理和数据质量低下等问题，因此，需要建立新型的数据资产管理体系来推动数据价值的持续提升并实现数据的资产化。在实现数据合规资产化的前提下，应积极探索数据资产的有效定价机制，培育相应的交易市场，制定相应的交易规范，做到数据要素交易有章可循。

需要指出的，作为数字经济时代的重要资源，数据资产的国家战略意义不容忽视。在培育数据要素市场的过程中，既要尊重市场的基础性配置作用，又要在此基础上发挥国有资本的引领作用。在中央政策明确要求培育数据要素市场的背景下，国有资本必将加快进入数据产业的步伐，进入的方式也将有更多创新。国有资本在承接政务数据运营权方面具有比较优势，但政务数据与私营部门数据的结合以及相关场景的创设，也需要发挥市场主体机构的积极性。

只有建立因地制宜、与时俱进的数据管理体系，创新更多政策工具，完善数据资产定价及交易体系，才能推动数据要素的高效率交易。由于数字人民币的匿名性、全交易链条可追踪性等特征，围绕数字人民币进行的创新性设计构成完善数据治理、破解数据要素市场发展难题的有力政策工具。例如，2020年9月，北京市经济和信息化局印发《北京国际大数据交易所设立工作实施方案》，明确提出将在中国人民银行指导下探索法定数字货币在北京国际大数据交易所数据交易支付结算中的应用，打造符合数据交易特征的支付结算体系。由此可见，依托数字人民币可完善数据要素的定价体系，破解数据资产价值双向不确定性的难题。

这是一个数字经济和金融科技迭代创新的美好时代，给数据要素市场的跨越式发展创造了无限可能。在党和国家搭建的合理完善制度框架内，市场相关主体在数据要素市场建设中将越来越能够体现出公益精神，朝着共同助力实现中国式现代化的目标不断前行。

第一章

正确认识数据与数据要素

第一节　生产要素

根据经济学的定义，生产要素是指用于商品和劳务生产的经济资源[①]。根据马克思主义的一般理论，生产要素是指进行物质资料生产所必须具备的因素或必要条件[②]。生产要素不仅是一个经济学的基本范畴，而且是一个历史范畴，会随着经济社会的发展而不断演进。在不同的社会经济形态下，生产要素有着不同的构成形式，对于国民经济的发展存在不同的作用机理。新生产要素的形成，孕育着生产力的变革，驱动人类社会迈向更高的发展阶段。

一、生产的四大基本要素

19世纪末20世纪初，英国经济学界的重要人物——阿尔弗雷德·马歇尔在《经济学原理》一书中提出，基本的生产要素包括土地、劳动、资本和组织（企业家才能）。其中，劳动指人类本身的能动资源，即人类在生产过程中体力和智力的总和，是最核心的生产要素，也是经济体中个体所占有的最主要的生产要素，具体可分为体力劳动和脑力劳动，二者均通过工资方式参与分配。

在远古时期尚未出现私有化之前，自然资源极其广袤、从未稀缺、完全

[①] 姜椿芳. 简明不列颠百科全书：第7卷[M]. 北京：中国大百科全书出版社，1986.

[②] 徐光春. 马克思主义大辞典[M]. 武汉：崇文书局，2017，62.

共有、无偿开发，人类以打猎和采摘为生，劳动力成为生产投入的唯一要素。理论上劳动力越多，创造的生产力就越大，但实际上仍然受到自然灾害、天敌及人类寿命等因素的影响，人类通过打猎和采摘的方式，即使倾尽全力也不能满足日益增长的人口对食物的需求。

随着农耕文明的到来，人类的主要生产方式变为耕作，但适合耕作的土地相对有限，不断增长的人口与相对有限的可供耕作的土地之间的矛盾，使土地成为一种重要的生产要素。狭义上的土地要素就是指一般意义的土地，通过地租方式参与分配。广义上的土地还包括地上和地下的一切自然资源，如江河、湖泊、森林、海洋、矿藏等。农耕文明的兴起使人口出现井喷式增长，自然资源对于人类而言不再是取之不尽的，而是获得相应的自然资源必须付出相应的成本。拥有土地而不参加劳动的人被称为地主，土地参与要素分配产生地主阶级和农民阶级两个对立的阶级。

在18世纪中叶第一次工业革命开启之前，人类生产基本处于依赖劳动和土地两大生产要素的农耕时代。因此，英国古典政治经济学家威廉·配第给出一个经典论断："土地为财富之母，而劳动则为财富之父和能动的要素。"这一论断强调劳动和土地共同创造价值。但是，农耕时代的生产方式属于高度分散的组织方式，只能获取有限的规模经济，无法持续进行扩大再生产。对农业生产而言，土地要素极其重要，但可耕种土地面积有限且生产效率改善空间有限，以及对于劳动力的吸纳能力也有限，生产力发展陷入困境，劳动和土地两大要素的互补走到极限。

第一次工业革命开启了资本生产要素的全新时代。从广义上说，资本指人类所生产出来的一切非自然资源的总称，属于"被生产出来"的生产要素。根据其形态，资本可以大致划分为有形资本和无形资本两类。有形资本主要指固定设备，通过折旧方式参与分配，无形资本最初主要指货币资金，通过利息方式参与分配。第一次工业革命是从工作机的诞生开始的，以蒸汽机作为动力机被广泛使用为标志。自此，人类步入工业时代。机器的广泛应用一方面代替部分人力劳动，另一方面也为土地无法吸纳的过剩人力提供新的出处，使更多人力成为机械化生产的工厂中的工人。生产要素投入在土地和劳动之外又增加了资本，既包括投入生产中的厂房、机器等固定资产设备，也包括生产中所需要的流动资金。第一次工业革命催生了新兴的资产阶级和工人阶级，也使社会的主要矛盾发生改变。

第一次工业革命真正拉开了人类经济高速增长的序幕，作为物质资本的机器设备成为资本主义经济发展中至关重要的生产要素。资本可通过持续的扩大化再生产实现快速积累，理论上机器设备投入越多，产出就越大，故资本的潜力在于持续的积累。但是随着资本积累得越来越多，怎样统筹管理劳动、土地、资本这三大要素并使其发挥最大的效能，就成为迫切需要解决的难题。因此，组织（企业家才能）的价值日益突出。

19世纪60年代后期，电器开始代替机器，成为补充和取代以蒸汽机为动力的新能源。随后，电灯、电车、电影放映机相继问世，第二次工业革命蓬勃兴起，人类进入电气时代。经济社会从机械化过渡到电气化阶段，带来企业生产组织模式的变革。资本所有权与经营权日益分离，企业家从劳动大军中脱颖而出，成为一个新的群体，即所谓"经理革命"，组织（企业家才能）成为独立的生产要素。组织（企业家才能）指企业家组织生产、经营管理、努力创新和承担风险的能力总和，也可称为管理才能，是最具创新力的生产要素。

基于上述背景，马歇尔于19世纪末将组织（企业家才能）加入"生产三要素"，从而扩展为"生产四要素"，把均衡价格理论应用到每一个生产要素的价格决定上，形成了"四位一体"公式，即"劳动—工资""土地—地租""资本—利息""组织（企业家才能）—利润"。20世纪上半叶的创新理论学者熊彼特认为，企业家是资本主义的"灵魂"，其职能就是实现创新。在熊波特眼中，企业家充满了对胜利的热情。企业家"有一种征服的意志：战斗的冲动只是为了证明自己要胜过其他人，也就是成功的过程或成功本身"[1]。

---

[1] 熊彼特. 熊彼特经济学全集[M]. 李慧泉，刘霈，译. 北京：台海出版社，2018.

二、生产要素与收入分配机制

我国正处于并将长期处于社会主义初级阶段，必须坚持和完善公有制为主体、多种所有制经济共同发展，按劳分配为主体、多种分配方式并存，社会主义市场经济体制等基本经济制度。我国对于生产要素配置进行了长期探索，中国共产党对效率与公平关系的认识，经历了一个不断深化的过程。党的十四大报告指出，"在分配制度上，以按劳分配为主体，其他分配方式为补充，兼顾效率与公平"，为探寻按劳分配与按生产要素分配相结合提供了有利的制度环境。党的十五大报告明确指出，"把按劳分配和按生产要素分配结合起来，坚持效率优先、兼顾公平，有利于优化资源配置，促进经济发展，保持社会稳定。依法保护合法收入，允许和鼓励一部分人通过诚实劳动和合法经营先富起来，允许和鼓励资本、技术等生产要素参与收益分配"。此后，党的十六大、十八大报告对要素价格形成机制、要素平等竞争自由流动、要素配置方式等进行阐述。党的十九大报告指出，经济体制改革必须以完善产权制度和要素市场化配置为重点，实现产权有效激励、要素自由流动、价格反应灵活、竞争公平有序、企业优胜劣汰。党的十九届四中全会审议通过的《中共中央关于坚持和完善中国特色社会主义制度 推进国家治理体系和治理能力现代化若干重大问题的决定》强调，坚持公有制为主体、多种所有制经济共同发展和按劳分配为主体、多种分配方式并存，把社会主义制度和市场经济有机结合起来，不断解放和发展社会生产力的显著优势[①]。党的二十大报告指出，坚持按劳分配为主体、多种分配方式并存，构建初次分配、再分配、第三次分配协调配套的制度体系。努力提高居民收入在国民收入分配中的比重，提高劳动报酬在初次分配中的比重。坚持多劳多得，鼓励勤劳致富，促

[①] 中共中央关于坚持和完善中国特色社会主义制度 推进国家治理体系和治理能力现代化若干重大问题的决定[M]. 北京：人民出版社，2019.

进机会公平，增加低收入者收入，扩大中等收入群体。完善按要素分配政策制度，探索多种渠道增加中低收入群众要素收入，多渠道增加城乡居民财产性收入。加大税收、社会保障、转移支付等的调节力度。

马克思在《资本论》中提出，所谓的分配关系，是同生产过程所处的一定历史规定的特殊社会形式，同人们在他们生活的再生产过程中所形成的一定的生产关系相适应的，并且它也是由这些形式和关系产生的。换句话说，这些分配关系的历史性质其实就是生产关系的历史性质，分配关系不过是表示生产关系的某一方面的反映。分配方式本质上取决于可分配产品的数量。一个社会采取何种分配形式，取决于其生产力状况和所有制结构。目前及今后相当长的历史时期，我国都处于社会主义初级阶段，"公有制为主体、多种所有制经济共同发展"是我国社会主义初级阶段的一项基本经济制度。与此相适应，在收入分配方式上，要求以按劳分配为主体，多种分配方式并存。

"以按劳分配为主体"，劳动自然是参与分配的主要生产要素。改革开放后，我国所有制成分逐渐多元化，与之对应的收入分配方式也变得多元化。为了鼓励其他生产要素参与生产，我国逐渐确立了按劳分配为主体、多种分配方式并存的分配制度。党的十四届三中全会通过的《中共中央关于建立社会主义市场经济体制若干问题的决定》提出，"允许属于个人的资本等生产要素参与收益分配"，明确了个人资本作为生产要素参与分配的权利。党的十五届四中全会通过的《中共中央关于国有企业改革和发展若干重大问题的决定》提出，"实行董事会、经理层等成员按照各自职责和贡献取得报酬的办法"，认可企业家才能（组织管理）作为生产要素参与收入分配。在此基础上，党的十六大报告又进一步指出，"确立劳动、资本、技术和管理等生产要素按贡献参与分配的原则，完善按劳分配为主体、多种分配方式并存的分配制度"，把劳动、资本、技术和管理明确列为参与分配的生产要素。党的十八届三中全会通过的《中共中央关于全面深化改革若干重大问题的决定》提出，"健全资本、知识、技术、管理等由要素市场决定的报酬机制"，进一步加入"知识"这一生产要素。党的十九届四中全会审议通过的《中共中央关于坚持和完善中国特色社会主义制度 推进国家治理体系和治理能力现代化若干重大问题的决定》提出"健全劳动、资本、土地、知识、技术、管理、数据等生产要素由市场评价贡献、按贡献决定报酬的机制",首次增列"数据"作为生产要素,由此形成完整的生产要素体系。劳动、资本、土地是数量型的生产要素,适应我国经济高速增长阶段的需要;知识、技术、管理是质量型生产要素,反映了高质量发展对生产要素的投入要求;数据是经济活动数字化进程的需要,体现了数字经济快速发展背景下分配制度的与时俱进。[①]

---

① 陈启清. 健全和完善生产要素参与分配机制[N]. 经济日报,2020-03-05(11).

第二节　知识、信息、数据与数据要素

一、知识与知识要素

数字经济时代，知识的潜在价值得到广泛重视。从我国参与分配的生产要素的演进脉络来看，生产力发展到特定阶段方能产生具有知识价值的新型生产要素，如技术、管理、数据等。数据生产要素本身派生于知识要素。

任何劳动都无法离开知识，即使最简单的体力劳动，比如搬运货物，也会涉及具体的手臂角度、蹲起动作、运送节奏等经验技巧，这些通常被称为"技能知识"。其作用表现为，在同样的劳动时间内，技能知识高的劳动者会比技能知识低的劳动者创造出更多价值。但技能知识存在两个局限性：一是只能附着在体力劳动者身上，甚至以肌肉记忆的方式存在（如骑自行车的技能），无法离开人而单独存在；二是只有在体力劳动者劳动时才能创造价值，体力劳动者休息时，这些技能知识就不再创造价值。

与简单的体力劳动相比，脑力劳动——作为更复杂的劳动，需要运用知识。英国哲学家迈克尔·波兰尼在《个人知识》一书中将知识按其表现形式分为"隐性知识"和"显性知识"两类。

隐性知识指附着在人身上的人力资本，通过教育、培训、保健等方式获得的凝结在劳动者身上的技能、学时、健康状况和水平的总和，也称为非物质资本。人力资本被人所拥有，比如体力方面的技能知识（如手工能力）、脑力方面的智慧知识（如计算能力），无法离开人独立存在，只能附着在脑力劳动者身上，随脑力劳动者的劳动而创造价值，无法直接重复使用和同时共享。

显性知识指编码后的知识，可脱离原创者独立存在。"隐性知识"显性化为书面知识、组织知识、知识产权等无形资本，具备了独立创造价值的属性，随着社会的发展逐渐从劳动要素中分离出来，演化为若干独立的生产要素。

将知识作为资本来发展经济，是知识经济的重要特征之一。被誉为"现代管理学之父"的彼得·德鲁克在其著作《后资本主义》一书中提出，我们正进入以知识为核心的知识社会，"智力资本"已成为企业最重要的资源，有知识的人成为社会的主流。知识生产率将日益成为一个国家、一个行业、一家公司的核心竞争力。曾在美国出现的"新经济"现象充分说明经济发展要素的质变。知识作为生产要素是推动美国经济在20世纪持续发展的最重要因素，是"新经济"增长最有力的支撑。不少经济学家也认为，新经济的本质就是知识经济。换句话说，推动经济增长的生产要素发生了质的变化——由以劳动、资本为主，转变为以知识为主。

知识要素中的"知识"偏重于可市场化的知识产权范畴，即"可转化为产权的知识"，具体包括两类：

一是著作权，又称版权，包括发表权、署名权、修改权、保护作品完整权、复制权等，其中以计算机软件著作权在经济发展中的作用最为明显。

二是工业产权，主要包括专利权（发明、实用新型、外观）和商标权（服务标志、厂商名称、原产地名称以及植物新品种权等）。

科技知识转化为生产力的周期越短，知识要素的作用越大。18世纪，科技转化为生产力的平均周期为100年；19世纪上半叶为50年；第二次世界大战后为9年左右；进入21世纪后，速度持续加快，近年来更是缩短为1至1.5年。例如，激光技术从发明到应用仅用一年。在微型计算机领域，每隔6月就有一代产品问世。这一事实带来的明显结果，就是知识成为重要的生产要素，也成为居民参与收入分配的重要手段。

与劳动、资本、土地等传统要素相比，知识生产要素具有如下特点：第一，具有重复使用性。知识可以循环使用并进行共同分享，这是其区别于机器设备等物质资源的主要特点。因此，知识能够作为资源持续重复投入生产过程，不会随着生产过程的结束而消失，反而可能随之增加或更加完善。第二，具有可传播性。知识的传播越广、越快，推动生产成本下降的幅度越大，同时将加快知识自身的更新速度。第三，必须与人结合。掌握知识的人将成为未来社会经济的核心，注重人力资本投资，注重人才资源培训与开发是发展知识经济的关键要义。

二、数据

（一）数据的类型

数据是用于表示客观事物的未经加工的原始素材，是对客观事件进行记录并可以鉴别的符号，是对客观事物的性质、状态以及相互关系等进行记载的符号或这些符号的组合。有些数据是连续的值，比如声音、图像，被称为模拟数据；有些则是离散的值，如符号、文字，被称为数字数据。

一种数据并不能简单归为某一种类型，从文本数据到图像数据，再到视频数据，并非简单地以一种形式代替另一种形式，而是一个数据演变与渐变的过程，是一个由简单到复杂、各种形式相互包容、不断丰富的过程。文本数据通常由文档组成，文档可以表示单词、句子，甚至文本的段落。早期使用文本数据的研究通常采用计数方法，现在经机器学习技术分析过后，人们可以访问到越来越多的文本资料。有些是公开来源，如报纸和书籍，有些是私人数据的文本源，如电子邮件、短信和聊天记录等。随着技术的进步，图像数据出现并发展。图像数据处理最早应用于报纸领域，在20世纪60年代末和70年代初逐步应用于医学、地理学、生物学、空间应用、军事等传统领域。视频数据在此基础上演变而生，目前，广泛应用于人脸识别、互联网、多媒体、卫星成像等新兴领域。

此外，根据数据的来源不同，我们还可以从个人、企业与政府等差异化主体的角度去认识数据。脸书、谷歌等互联网企业能够持久保持高速增长和扩张的重要原因就是其掌握了非常宝贵的数据"金矿"。部分数据来自企业自身的运营，但更多数据则是个人用户在使用互联网巨头产品的过程中积累的。其实，不只互联网企业拥有大量的数据资产，政府、电信运营商，以及金融、医疗、交通等各行业垂直领域都拥有大量数据，相较于互联网企业沉淀的行为数据而言，这些数据的价值可能更大。在这些数据中，政务数据尤为重要。在现代社会中，每个企业和个人都会与政府产生联系，因此，政府部门拥有大量企业形成的数据，以及本国公民乃至部分境外居民与我国政府部门联系产生的数据，还有政府基于公共利益获取的企业部门实际占有和支配的数据。

2015年8月，国务院印发的《促进大数据发展行动纲要》指出，大数据应用能够揭示传统技术方式难以展现的关联关系，推动政府数据开放共享，促进社会事业数据融合和资源整合，将极大提升政府整体数据分析能力，为有效处理复杂社会问题提供新的手段。党的十八届五中全会公报提出，"实施国家大数据战略"，这标志着大数据正式上升为国家战略。《"十四五"大数据产业发展规划》显示，我国建设了8个国家大数据综合试验区（上海、河南、重庆、沈阳、贵州、内蒙古、京津冀和珠三角）和11个大数据领域国家新型工业化产业示范基地。希望通过数据要素市场化达成多项目标：促成数据共享、优化政务流程、降低运营成本、提高协同效率、保障改善民生等。

有效利用政务数据，不仅需要政府开放数据，还需要许多有能力创新的企业更好地利用政务数据。政府要引导鼓励企业和社会机构开展创新应用研究，深入发掘公共服务数据，在城乡建设、人居环境、健康医疗、社会救助、养老服务、劳动就业、社会保障、质量安全、文化教育、交通旅游、消费维权、城乡服务等领域开展大数据示范应用，推动传统公共服务数据与互联网、移动互联网、可穿戴设备等科技企业沉淀的数据汇聚整合，开发各类便民应用，优化公共资源配置，提升公共服务水平。

（二）大数据产业

当前，全球数据的规模正在迅速扩张。2021年底，国际电信联盟（ITU）

《衡量数字化发展：2021年事实与数字》[①]显示，进入21世纪以来，全球范围内使用互联网的人数不断上升，从2001年的近5亿人增加到2021年的49亿人，这已经是21世纪初的9倍多。就使用互联网的人群比例而言，2001年每100名居民中仅有8人使用互联网，而到2019年每100名居民中已有53人使用互联网。互联网数据研究机构发布的《2022年全球数字概览》[②]报告显示，截至2022年10月，世界人口数量为79.1亿，全球手机用户数量为53.1亿，互联网用户数量为49.5亿，社交平台用户数量为46.2亿（图1-1）。

世界人口总量	手机用户数量	互联网用户数量	社交平台用户数量
79.1亿	53.1亿	49.5亿	46.2亿

图1-1　全球互联网用户数量概览

互联网，特别是移动互联网高速发展，推动全球数据量急剧扩张。生产生活及万事万物正在被数字重新定义，每个人、每件物品、每笔交易、每次活动都能用特定的数字来标记，甚至我们的思维都能转化成数字信息被表达出来。20年前，数据的增长速度大约为每天100GB，而现在，数据的增长速度已达到每秒约5TB（1TB=1024GB）。作为全球人口和计算设备保有量最大的国家，我国每年产生的数据量极为庞大。中国电子信息产业发展研究院

---

① ITU.Measuring Digital Development：Facts and Figures2021[EB/OL]. [2021-03-12]. https://www.itu.int/en/ITU-D/Statistics/Documents/facts/FactsFigures2021.pdf.

② WE ARE SOCIAL，HOOTSUITE. Digital2022Global Overview Report[EB/OL]. [2022-03-30].https：//wearesocial.com/uk/blog/2022/01/digital-2022-another-year-of-bumper-growth-2/.

（赛迪研究院）的统计数据显示，2019年中国数据中心数量大约为7.4万个，约占全球数据中心总量的23%。预计到2030年全球数据原生产业规模量占整体经济总量的15%，中国数据总量将超过4YB（$1YB=2^{40}TB$），占全球数据量的30%。同时，得益于产业互联网的发展，企业数据所占比重将从2015年的49%迅速增长到2025年的69%。

无数据不存储。数字应用催生的"数据核爆"与数据价值，必然对信息基础设施提出更高的要求，而信息基础设施的规模、质量将决定数字经济时代经济发展的速度与高度。数字化时代之前，数据的存储需要依靠纸张，受限于高昂的存储成本和容易灭失的风险，数据积累较为缓慢。数字化时代早期，受制于存储能力，数据的积累速度较之前显著提升，但仍然较为有限。直到云存储技术成熟之后，数据的存储瓶颈才被真正突破。数据存储中心已经成为数字经济发展的基础设施与重要支撑，各国成立大量的数据存储中心。从数据中心运营主体上看，我国数据中心以电信运营商数据中心为主，凭借网络带宽和机房资源优势，三大电信运营商（中国移动、中国电信、中国联通）的市场份额占比超60%；从地域分布上看，我国数据中心的市场布局整体呈现"东部沿海居多，核心城市集中，中、西、北部偏少"的格局。此外，赛迪顾问股份有限公司的数据显示，大型数据中心多集中在经济发达地区，北上广三地数据中心聚集区的在用机架数在全国占比为31.3%。

目前，存储的数据主要包括企业数据和消费数据。国际数据公司（IDC）于2019年发布的白皮书统计数据显示，2018年按行业划分的全球企业数据的规模，制造业拥有的数据规模最大，为3584EB（$1EB=1024^2TB$），占比为20.87%；零售批发和金融服务分别为2212EB和2074EB，分别占比12.88%和12.08%；其后是基础设施建设、媒体与娱乐、医疗保健，规模为1555EB、1296EB和1218EB，分别占比9.05%、7.54%和7.09%[①]（图1-2）。《中国数据要素市场发展报告（2021-

---

① 陈维宣，吴绪亮，呼丽梦，等. 宏观经济增长框架中的数据生产要素：历史、理论与展望[EB/OL].（2020-06-12）[2022-03-20]. https://tisi.org/14625.

2022）》显示，据国家工业信息安全发展研究中心测算数据，2021年中国数据要素市场规模达到815亿元。数据要素通过直接应用和赋能应用来产生经济贡献，直接应用是指数据要素直接参与生产交换，赋能应用是指数据要素赋能其他行业产生倍增效应。2020年1月1日至2022年5月15日，数据要素直接应用行业总计参与581起融资事件，融资金额达785.64亿元；数据要素赋能应用行业共参与269起融资事件，融资金额达325.31亿元。按照数据要素赋能应用领域来看，医疗大数据是参与投融资事件最多的领域，共计74起，交易金额为106.18亿元；汽车大数据是交易金额最多的领域，为106.18亿元人民币（图1-3、图1-4）。[①]

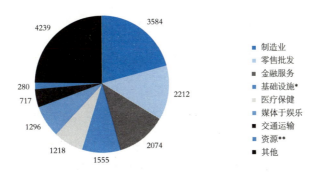

图1-2 2018年按行业划分的全球企业数据的规模（EB）

注：*基础设施包括公用事业，电信。**资源包括石油和天然气（采矿），通过管道或航运的石油和天然气运输，资源行业，石油和煤炭制造/精炼。

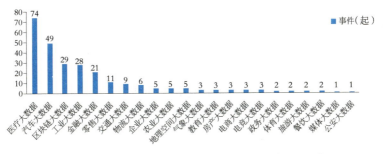

图1-3 数据要素赋能应用领域细分赛道分布

---

① 国家工业信息安全发展研究中心. 中国数据要素市场发展报告（2021-2022）[EB/R].[2022-11-30]. https://docs.qq.com/pdf/DYkt1SFBKZ0dIZHd0.

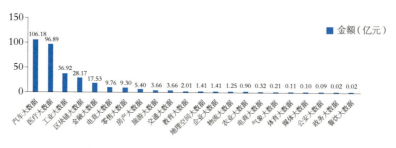

图1-4 数据要素赋能应用领域投资金额赛道分布

（三）数据与信息、知识的对比

在很多语境下，数据往往与信息、知识相伴出现，甚至不分彼此、让人混淆。数据本身作为生产要素，其价值突显在能够创造新的知识价值。而数据与信息资源两者既有密切的联系，也有一定的区分。关于数据与知识、信息的关系，最广为人知的学说是教育家米兰·瑟兰尼1987年在《管理支援系统：迈向整合知识管理》（*Management Support Systems: Towards Integrated Knowledge Management*）一文中提出的DIKW体系，即数据（Data）、信息（Information）、知识（Knowledge）、智慧（Wisdom）(如图1-5所示)。

图1-5 DIKW体系

DIKW体系把人类的知识体系分为四个不同层级：数据、信息、知识和智慧。这四者以逐级上升的形式分布在一个金字塔形的层次体系中。具体而言：数据产生于最原始的观察和量度行为中，是人类观察记录客观世界事物的数量、属性、位置及其相关关系和运动过程的抽象表示，数量巨大，关系不明；而通过对原始数据进行加工等操作所获得的具有逻辑的、能对客观世界产生影响的、有意义的数据则为信息；在行动中有效地运用信息，对信息进行归纳、总结、提炼，可得到知识；智慧则是在知识的基础上，通过经验积累逐渐形成对事物的深刻认识、远见，最终以精准的判断力体现出来的。可见，从数据到信息附加了很多人工操作，信息来源于数据又高于数据，数据通过信息体现其含义和内在逻辑关系，信息依附于数据而存在。

数据是信息的载体，从数据到信息不仅是一门技术，也是一门艺术。以胡夫大金字塔为例，该金字塔的周长和高度的比值大约为6.29∶1，金字塔的长为20埃及古尺长，宽为10埃及古尺长，但高度为11.18埃及古尺长。为什么不是一个整数？考古专家分析，这样设计长宽高的尺寸是为了保证对角线都是整数，分别是15和25。通过处理与分析这些数据，我们得知：古埃及人已懂得直角三角形边长之间的数值关系。数据和信息经过处理后就成为知识，知识是数据和信息的更加高级和抽象的概念。知识具有系统性、规律性和可预测性。

传统媒介环境下，数据与文字、图像、声音一样，只是众多信息载体的一种形式，需进一步依附实物媒介，如纸张或电子设备。在电子环境下，数据与信息的联系更加紧密，二者可以相互转换。随着信息技术的发展，信息的载体发生了革命性的变化。在新兴的电子通信环境下，包括文字、图像、音频、视频等在内的所有信息载体最终都需要借助电子数据实现传输、存储和显示。文字、图像、音频、视频等承载了信息，而数据又承载了它们，数据从信息的大量载体中独立出来，处于"信息系统细胞层次"，成为电子环境下所有信息载体的基础载体。

从知识工作者对客观事物感知和认识的过程看，数据、信息和知识构成了三个连贯的阶段。

第一，数据的组织阶段。数据是一种将客观事物按照某种测度感知而获取的原始记录，它可以直接来自测量仪器的实时记录，也可以来自人的认识，但是大量的数据多是借助数据处理系统，自动地从数据源进行采集和组织的。数据源是指客观事物发生变化的实时数据。

第二，信息的创造阶段。信息是根据一定的发展阶段及其目的进行定制加工而生产出来的。信息系统就是用于加工、创造信息产品的人机系统。根据不同的对象、目的和加工深度，可以将信息产品分为一次信息、二次信息，直至高次信息。

第三，知识的发现阶段。知识是知识工作者运用大脑对获取或积累的信息进行系统化提炼、研究和分析的结果，知识能够精确地反映事物的本质。

从数据到信息再到知识，这三个阶段是螺旋上升的循环周期。人们运用信息系统，对信息和相关的知识进行规律性、本质性和系统性的思维活动，创造新的知识。随后，新的知识开辟了需要进一步认识的新的对象领域，人们需相应补充获取关于该领域的新的数据和信息，从而进入新一轮的上升式循环周期。

三、数据要素

20世纪80年代，以微机处理器的大量生产为标志，人类进入信息时代；90年代，以软件开发及其大规模产业化为标志而进入信息革命的新纪元[1]。企业家的个人才能已难以应对信息时代多变且不确定性广泛存在的市场，企业日常运营以及与上下游等相关方诉求的整体平衡必须借助智能化手段，统筹分析判断各种信息，从而优化决策。此时，数据就从依附其他生产要素的身份中逐渐分离出来，并整合为生产要素的新物种。

作为生产力加速发展的"黏合剂"和"催化剂"，数据赋予其他要素全新的含义和能量。数字经济时代，数据对生产力发展的影响，必然超过传统的

---

[1] 宋健. 现代科学技术基础知识[M]. 北京：科学出版社，1994.

生产要素，成为不可替代的生产要素之"第五元素"。

党的第十九届四中全会提出"健全劳动、资本、土地、知识、技术、管理、数据等生产要素由市场评价贡献、按贡献决定报酬的机制"，这是对数据在发展数字经济中所起的关键作用的肯定。数据被正式纳入参与分配的生产要素，经过了较长时间的理论认知和探索过程。我国强调信息数据等要素的作用，最早可追溯至2014年2月中央网络安全和信息化领导小组第一次会议，习近平总书记强调，网络信息是跨国界流动的，信息流引领技术流、资金流、人才流，信息资源日益成为重要生产要素和社会财富，信息掌握的多寡成为国家软实力和竞争力的重要标志。2017年12月，十九届中央政治局第二次集体学习时，习近平总书记指出，要构建以数据为关键要素的数字经济。正是在这一背景下，2019年10月，党的十九届四中全会通过的《中共中央关于坚持和完善中国特色社会主义制度　推进国家治理体系和治理能力现代化若干重大问题的决定》，首次将数据与劳动、资本、土地、知识、技术等一起作为生产要素。2019年11月22日，时任国务院副总理刘鹤在《人民日报》发表署名文章《坚持和完善社会主义基本经济制度》，文章指出："《决定》首次增列了'数据'作为生产要素，反映了随着经济活动数字化转型加快，数据对提高生产效率的乘数作用凸现，成为最具时代特征新生产要素的重要变化。要强化以增加知识价值为导向的收入分配政策，充分尊重科研、技术、管理人才，建立健全数据权属、公开、共享、交易规则，更好实现知识、技术、管理、数据等要素的价值。"[①]

数据已和其他要素一起融入经济价值的创造过程，对生产力的进一步发展具有深远影响。将数据纳入生产要素的范围，是数字经济发展的必然结果。2019年12月，中央经济工作会议明确指出"大力发展数字经济"，这在一定程度上推动了我国正式明确数据作为生产要素参与分配，从而充分发挥数据这一新型要素对其他要素效率的倍增作用，使数据成为推动经济高质量发展的新动能。

---

① 刘鹤. 坚持和完善社会主义基本经济制度[N]. 人民日报，2019-11-22（06）.

明确数据作为生产要素之后，2020年4月，中共中央、国务院印发《关于构建更加完善的要素市场化配置体制机制的意见》，要求加快培育数据要素市场，推进政府数据的开放共享，提升社会数据资源价值，加强数据资源整合和安全保护。2020年7月，《中华人民共和国数据安全法（草案）》全文在中国人大网向公众公开征求意见，提出国家将对数据实行分级分类保护、开展数据活动必须履行数据安全保护义务、承担社会责任等，充分体现数字经济时代我国保障"国家软实力和竞争力"的决心。2021年1月，中共中央办公厅、国务院办公厅印发了《建设高标准市场体系行动方案》，要求制定出台新一批数据共享责任清单，加强地区间、部门间数据共享交换。研究制定加快培育数据要素市场的意见，建立数据资源产权、交易流通、跨境传输和安全等基础制度和标准规范，推动数据资源开发利用。积极参与数字领域国际规则和标准制定。

（一）数据的要素化

党的十九届四中全会首次将数据列为生产要素，这是对数据生产价值与历史地位的极大肯定，也标志着数据的身份由资源转变为生产要素。2020年4月，中共中央、国务院印发的《关于构建更加完善的要素市场化配置体制机制的意见》，明确将数据与土地、劳动力、资本、技术等传统要素并列为生产要素之一，提出要加快培育数据要素市场。

数据要素是数字经济的关键，其巨大价值和潜能可分为三个层次：第一个层次，数据是"新资源"；第二个层次，数据是"新资产"；第三个层次，数据是"新资本"。每一个层次又体现为两面，即分别在物理空间和数字空间中的体现。"新资源""新资产""新资本"，三个层次既可以单独作用，也可以叠加在一起发挥更大作用。[1] 2019年9月，联合国贸易和发展会议

---

[1] 罗培，王善民. 数据作为生产要素的作用和价值[EB/OL]. [2020-06-04]. http://www.iii.tsinghua.edu.cn/info/1059/2358.htm.

（UNCTAD）发布的《2019年数字经济报告：价值创造和捕获，对发展中国家的影响》以及世界银行发布的《2021年世界发展报告：让数据创造更好生活》都特别指出，数据要素的更大作用在于推动经济包容性增长，通过多种渠道改善穷人的生活和落后地区的局面，以此解决社会问题。

整体看来，数据要素的作用体现在如下三个方面。

第一，在数字技术的推动下，数据要素将赋予传统的土地、劳动、资本和技术等要素新的内涵。与土地、资本等要素一样，单纯的数据资源只是可能的生产要素，数据要真正成为新的生产要素，并非只是生产要素种类或数量的增加，而是能够促进现有生产要素之间形成更密切的交互关系。与其他现有的生产要素或资源相结合，尤其是与劳动力生产要素的结合，构成数据成为现实生产要素的必要条件之一；同时，数据成为生产要素还受到技术基础设施条件、知识与管理等其他要素的制约。

第二，数据要素成为推动技术创新和生产力增长的动力。数据要素通过三个方面发挥增长机制：一是通过平台促进交易、建立网络并实现信息交换；二是促进所有部门和市场的数字化转型，以更低的成本生产更高质量的商品和服务；三是以不同的方式改造价值链，并为增值和更广泛的结构变革开辟新的渠道。

第三，数据要素可以用于检验和评估政府的政策效应。一是由各国政府和国际组织产生或储存的数据，可以用于支持基于大数据的公共政策决策；二是私营企业产生的数据，是促进经济增长的生产要素，也可被重新利用以支持发展目标；三是通过向社会提供数据，更好地监测政府政策的效果，并向个人提供数据，使他们能够获得符合其需求的公共和商业服务；四是促进数据在公共部门、私营企业和社会渠道之间的流动，使其产生更广泛的影响。

（二）数据要素的判断标准

不是所有的数据都能作为要素，如何界定构成生产要素的数据，可以从四个层面分析（图1-6）。

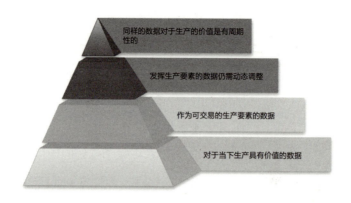

图1-6　对于构成生产要素的数据的基本判断

　　第一，并非所有的数据都对当下的生产具有价值，在数据选择的过程中应当抵制数据噪声。在大多数情况下，在海量的数据中，有用的数据只是其中很小的一部分。随着数据量的不断增加，冗余数据、垃圾数据的增长速度比具有真实信息含量的数据更快，形成严重的数据噪声，基于这些数据会得出错误的结论。互联网作为最重要的数据来源渠道，里面充斥着大量的虚假信息。例如，网络数据中存在大量的虚假个人注册信息、假账号、假粉丝、假交易、灌水帖及虚假的意思表示等，虚假信息使数据的价值大幅度下降，甚至可能带来负价值和负效用。

　　第二，并非所有对生产有价值的数据都应该纳入可交易的生产要素范畴。明晰的权属和自主有序的流动是数据成为生产要素的本质要求和前提条件。但是，哪些对生产有价值的数据可以纳入可交易的生产要素范畴，目前仍存在一定的限制。数据权属有待进一步明确，同时诸多限制与制约数据自主有序流动的体制机制障碍也未彻底破除，因此具有潜在生产价值的数据要想真正成为生产要素在市场中流通，需要外部制度环境，如法律政策的支持。此外，一部分对于生产经营价值很高的数据涉及个人的隐私信息，甚至涉及国家安全问题。个人数据同时具有财产权属性、人格权属性和公共资源属性，数据权利也相应呈现复杂性与多元性。敏感数据具有高度私密性，若被不当使用则极有可能威胁数据持有人的安全，因此要限制买卖；非敏感数据则需要根据不同的应用场景，以不同的分类标准进行合规合理合法的交易。因此，对于数据的使用应当在保障国家安全、尊重个人隐私权的基础上进行。

第三，作为生产要素的数据是动态调整的。一方面，生产过程中具有价值的数据是随着技术进步不断动态调整的。在没有云存储、云计算技术支持的情况下，过度的数据存储成本很高，而且大量非结构化数据的价值也无法挖掘。技术的变革使更多数据能够以低成本存储，并可从中挖掘出更多的价值，从而使投入生产使用的数据价值超过其成本，让更多数据作为生产要素投入生产。另一方面，数字社会背景下，个人信息具备巨大商业价值与社会公共价值，对个人信息的合理利用能够激活个人数据的流通价值，促进经济增长。互联网平台、数据服务商、企业及其他市场机构通过设计相应补偿机制推动个人数据隐私权的让渡，从而实现社会整体利益改进。法律可在保护公共利益的条件下，允许并鼓励部分个人数据的交易行为，提升数据资源的利用效率。个人数据持有者，即每个自然人，则应加强对持有数据的保护意识，积极学习数据安全知识、相关法律法规，抵制侵犯自身合法权益的行为。在合理的体制机制下，更多数据被持续推进要素市场，更全面地对生产赋能。

第四，同样的数据对于生产的价值是有周期性的。在其生命周期中，数据既有可能是资源，也有可能是负担。人们把数据视为数字经济时代的"石油"，但数据与石油在生产中的价值体现又有巨大差异。石油存储在地表以下，不开采不会产生成本；但数据的存储需要较高的成本。存储在地表以下的石油，开采出来后对工业生产始终具有价值；但存储时间过长的数据对于生产的价值微乎其微，历史数据的价值随着时间的推移有明显的价值递减现象。从成本收益角度衡量，大量历史数据的存储只有成本支出，很难带来生产的价值，因此，同样的数据对于生产的价值具有明显的周期性。

要素化的数据也被视为数据资产（Data Asset）。数据资产是指由企业及组织拥有或控制的，能给企业及组织带来经济利益的数据资源，如文件资料、电子数据等。由于并非所有的数据都能构成数据资产，所以根据数据资产要满足的条件，我们可以厘清数据要素的边界。2019年，中国资产评估协会制定了《资产评估专家指引第9号——数据资产评估》[①]，其中对数据资产的定义是："数据资产是由特定主体合法拥有或者控制，能持续发挥作用并且能带来直接或者间接经济利益的数据资源。"

从上述定义看，数据资产的条件包括如下三点。

第一，"拥有或控制"，不一定是企业在内部信息系统中拥有的数据资源，也可能是通过合作、租赁等手段，从外部获取使用权的各种数据形式。

第二，"能带来未来经济利益"，企业既可以利用数据为企业的管理控制和科学决策提供合理依据，减少和消除企业经济活动中的风险，从而间接实现预期的经济利益，也可以通过出售数据或者其他利用方式直接创造经营收入。

第三，"数据资源"，指数据资产的具体形态，表现为以物理或电子方式记录的数据，如工作记录、表单、配置文件、拓扑图、系统信息表、数据库数据、操作和统计数据、开发过程中的源代码等。

数据作为生产要素的边界仍有待进一步明确，但大数据行业已经形成了庞大的产业链。国际数据公司于2021年8月预测，在2021—2025年的预测期内，"大数据与商业分析解决方案"整体收益的复合年增长率为12.8%，并于2025年达到3939.1亿美元；其中，2021—2025年预测期内，中国大数据市场总体收益的复合年增长率为20.1%，且市场规模预计在2025年增长至297.3亿美元，预计成为世界上仅次于美国的第二大大数据市场。而大数据产业生态联盟联合赛迪顾问股份有限公司发布的《2021中国大数据产业发展地图暨中国大数据产业发展白皮书》显示，2020年中国大数据产业规模已经达到6388亿元，同比增长18.6%，预计未来三年增速保持15%以上，到2023年产业规模将超过10000亿元。

从国民经济核算角度看，作为生产要素之一的数据要素的收益统计仍存

---

① 中国资产评估协会.资产评估专家指引第9号——数据资产评估[EB/OL].（2010-01-09）[2022-01-09]. http://www.cas.org.cn/docs/2020-01/20200109165641186518.pdf.

在实施上的困难。

从生产法看，数据并不能天然地可以直接创造价值，数据作为一种生产要素，往往需要与其他生产要素结合，同时必须对原始数据本身进行挖掘、分析才能形成数据产品，数据产品投入生产的价值实现具有场景依附性。因此，数据尽管构成了一种新型生产要素，但目前对于如何衡量这一要素的规模尚未形成官方的统一规则和标准，限制了进一步测量数据要素对经济发展的贡献。

从支出法看，数据要素的如下特点限制了支出法的应用。其一，数据使用的边际成本低。数据要素的初始获取渠道多为个体和企业，获得数据需要付出较大的初始成本，但数据使用的边际成本很低，几乎为零。其二，数据使用的非竞争性。一般而言，与其他相关方共享并使用数据并不一定会减少数据持有方的利益，反而有可能通过数据的共享、整合，提高不同数据共享方的收益。

因此，对数据生产要素的统计，生产法和支出法都难以准确实现，从可行性的角度看，可以利用收入法来统计核算。采用收入法对数据要素进行统计核算，可以按照传统的方式，遵循国民经济核算中收入法的相关原理，通过对在数据要素生产和应用过程中的劳动力报酬、固定资产折旧、生产税净额和营业盈余进行加总，获得数据要素的价值。但是数据要素的统计绝非单一一家研究机构能够完成的工作，需要纳入国家统计工作，形成全面系统的数据要素统计体系。数据要素的统计体系在最初设计阶段无法避免存在粗糙性和一定的人为设定问题，但由此形成的纵向可比的数据要素统计核算，将对于全面衡量数据要素对国民经济的价值起到重要的作用。

第二章
—
大数据交易实践与交易模式

第一节　大数据交易实践

对于规模庞大、瞬息万变的大数据市场而言，存储数据不是最终目标，如何从数据中获得社会价值和商业价值，才是其真正意义。2012年，瑞士达沃斯经济论坛的一份报告就已经指出，数据已经成为一种同货币或黄金一样的新型经济资产类别。由于缺乏规范的数据共享和交易渠道，不同行业间很难实现数据互利共享，所以迫切需要形成数据交易平台。在此背景下，各类围绕数据交易的平台应运而生（图2-1）。

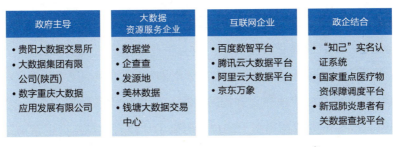

图2-1　我国数据交易实践分类及范例[①]

一、政府主导的大数据交易实践

随着大数据技术迅速发展，我国多地开展了关于数据交易的探索实践，

---

① 唐斯斯，刘叶婷. 我国大数据交易亟待突破[J].中国发展观察，2016（13）：19—21.

大多由各地政府或国家信息中心牵头协调。

贵阳大数据交易所是全国第一家大数据交易所，其在贵州省政府、贵阳市政府支持下，采用国有控股混合所有制的组织形式，于2015年4月14日正式挂牌成立。成立当日，贵阳大数据交易所完成首笔交易，卖方为深圳市腾讯计算机系统有限公司、广东省数字广东研究院，买方为京东云平台、中金数据系统有限公司。首笔交易的完成，标志着全国首个大数据交易所正式投入运营。

在之后的几年中，江苏、上海、浙江、安徽等省（区、市）和武汉、哈尔滨、西安、广州、青岛、沈阳、成都等地纷纷建立大数据交易所或交易中心，提供数据交易服务。2017年4月，陕西省成立大数据集团有限公司，该公司是陕西省政府唯一授权运营政府数据的地方国有企业。2017年9月，贵阳市政府授权贵阳块数据城市建设有限公司运营贵阳市政务云平台及提供政府数据服务。其中包括在市政府的监管下，利用政府数据开展大数据清洗加工、增值运营及政府数据开放运营服务，为市直各部门、各县（市、区、市属开发区）提供数据开放的清洗加工服务，并提供创业孵化服务。2018年4月，国家卫健委、山东省政府授权浪潮集团等企业在济南开展健康医疗大数据产业试点。随后，安徽省淮北市授权本地国有企业淮北建投商业大数据信息有限公司运营政务数据服务。2019年7月，数字重庆大数据应用发展有限公司在重庆市大数据应用发展管理局正式揭牌成立，是首个政府授权的全市政务数据运营平台。成都市大数据集团于2017年明确了"政府数据资产运营商"定位；2018年获得市政府政务数据集中运营授权。2020年12月，成都市大数据集团负责建设的成都市公共数据运营服务平台正式上线运行。该平台作为市级交换节点，接入成都市政务信息资源共享体系，涵盖市场监管、教育文化、安全生产、交通运输、社保就业、社会救助等多领域数据，实际上建立起一条政企数据流通的通道，可推动各行各业依托大数据资源创新商业模式，实现产业生态圈的共同发展，也可帮助政府实现数据资源价值的最大化。

政府主导下的大数据交易案例如表2-1所示。

表2-1　政府主导下的大数据交易实践案例

省份	企业名称	备注
贵州	贵阳大数据交易所	政府批准成立的全国第一家大数据交易所
山东	浪潮集团	被授权开展健康医疗大数据产业试点
陕西	大数据集团有限公司	被授权运营政务数据服务
安徽	淮北大数据信息有限公司	
重庆	数字重庆大数据应用发展有限公司	
四川	成都大数据集团	

据不完全统计，自2014年底至2019年，全国各省（区、市）先后建成20余家大数据交易服务平台，其中大量数据交易平台是以国有企业为载体的政府数据运营平台。这些数据交易机构不仅在实践中对规则尚不明确的数据交易进行有益探索，而且尝试制定数据交易相关规则并付诸实践。以最早成立的贵阳大数据交易所为例，在推动数据交易发展的过程中，其先后制定了《数据确权暂行管理办法》《数据交易结算制度》《数据源管理办法》《数据交易资格审核办法》《数据交易规范》《数据应用管理办法》等一系列交易规则。关于数据资产交易所业态的分析，本书将在第六章进行探讨。

放眼国际，美国的数据资产实践以政府信息公开为依托，在此基础上进行探索创新，出台了适用于政府数据资产运营的法律政策，如《开放数据政策：将信息作为资产管理》（*Open Data Policy: Managing Information as an Asset*）的备忘录，建立一站式的政府数据开放平台Data.gov，以打破部门间以及行政区域间的数据孤岛现象，调动民众提供数据共享方案的积极性。2019年6月，美国政府发布了"2019—2020联邦数据战略行动计划"，即《联邦数据战略第一年行动计划草案》，这进一步体现美国对发展数据产业的迫切需求。欧洲联盟（简称欧盟）则采取渐进模式，通过制定相关政策法规、创建成员国之间的开放平台，以及开放政府数据资产的应用场景来推动政府数据资产运营发展。欧洲数据门户（European Data Portal）就是统一的开放数据平台。该平台收集整合欧洲各国的政府数据，并以统一格式发布。用户可以根据自身需求，对多个国家和地区的公共部门数据进行搜索。日本在数据资产运营方面处于亚洲领先地位，积极制定相关法律法规，并引导建成具有代表性的数据交易平台。

🔗 知识链接 -

贵阳大数据交易所[①]

在贵州省政府、贵阳市政府的支持下，贵阳大数据交易所于2014年12月31日成立，2015年4月14日正式挂牌运营，是我国第一家大数据交易所，旨在推动政府数据公开、行业数据价值发现。值得注意的是，当地政府的大力支持是贵阳大数据交易所顺利成立并快速挂牌运行的关键原因。2015年5月8日，时任国务院总理李克强亲自批示贵阳大数据交易所，希望利用"大数据×"，形成"互联网+"的战略支撑。目前，贵阳大数据交易所已经成为国家大数据（贵州）综合试验区首批重点企业、国家技术标准创新基地（贵州大数据）参建单位、全国信息技术标准化技术委员会"大数据交易标准试点基地"、国家高新技术企业。

贵阳是中国首个政府数据开放示范城市，主动开放了交通、文化、教育、旅游、医疗、食品安全等公共数据，制定出台了《关于加快信息产业跨越发展的意见》《"云计算"战略规划》等基础性文件，在全国率先发布了《贵州省大数据产业发展应用规划纲要（2014—2020年）》《贵州省关于加快大数据产业发展应用若干政策的意见》《贵阳大数据产业行动计划》等

---

① 贵阳大数据2015[J].领导决策信息，2016（3）：26-27.

文件，为大数据产业发展明确目标、作出规划、提出任务、制定政策。为了加强人才队伍建设，引导大数据人才来黔创业就业，贵州明确将依托高校培养储备大数据人才，支持大数据企业培养引进人才，支持大数据人才创新创业，提高大数据人才待遇。为配合贵阳大数据交易所的业务开展，贵阳市将全力推进政府信息公开和数据开放工作，并成立众筹金融交易所，通过大数据、众筹整合传统产业，实现"互联网传统产业"的快速发展。

如此多方联动，贵阳市带动全省发展大数据产业，呈现出"众人拾柴火焰高"的生动局面。正是因为贵阳市的政策支持、快速决策、前瞻性判断，交易所才得以仅用一年时间就从"种子"状态发展到一定的规模。贵阳市作为首个工信部批准的大数据试点城市，在大数据交易方面率先突破，走出一条欠发达地区发展高新技术新兴产业的创新之路，是中国大数据的第一批起跑者，成为全国大数据产业发展的新的示范力量。

二、数据资源企业的数据交易实践

数据交易是市场经济条件下促进数据要素市场流通的基本方式。近年来，我国民营企业也在努力探索新型数据交易形式。众多大数据资源企业不断涌现并渐具影响力，如企查查、数多多、发源地、美林数据、爱数据和钱塘大数据交易中心等。数据资源服务企业交易模式众多，其生产经营的"原材料"就是数据，在数据交易产业链中兼具数据供应商、数据代理商、数据服务商、数据需求方等多重身份。在经营过程中，这些数据资源服务企业往往采用自采、自产、自销模式，并实现"采产销"一体化，然后再通过相关渠道将数据变现，进而形成完整的数据产业链闭环。例如，2015年成立的钱塘大数据交易中心，用户可以通过该平台发布需求，获取定制数据，也可以直接在数据商城购买数据。公司开展的该类业务更适合中小企业及个人服务，为探索C端数据交易形式作出贡献。

国外很多公司也积极利用数据资产开展商业活动，如美国位置数据平台

Factual，其客户包括Apple Maps（苹果地图）、Facebook（脸书）、Microsoft Bing（微软必应）等。欧盟委员会（EC）发布了报告《跨向欣欣向荣的数据驱动型经济》（*Towards a Thriving Data-driven Economy*），并制定了"数字化单一市场"（DSM）等战略，以支持公司间的数据共享。咨询公司*Everis*编制的《欧洲公司间数据共享研究》显示，欧洲企业主要通过数据货币化、数据市场、行业数据平台、技术支持者、开放数据策略五种方式实现数据共享。日本的富士通公司于2013年宣布建立自己的数据交易市场Data Plaza，会员可以在Data Plaza上交易数据，如购物网站上的记录、智能手机的位置信息、社交网站的发言等。

知识链接 -

数据堂

数据堂成立于2011年9月，2014年12月在新三板挂牌，成为新三板第一家大数据企业，服务客户对象覆盖国内外1000多家人工智能企业和科研机构。

数据堂通过众包平台，依靠40万全球（以中国为主）实名兼职人员（众客）采集大规模的线下数据；通过BD（商务拓展，Business Development）合作获取行业大数据；通过网络技术收集互联网大数据；通过与政府合作，获取政务大数据。

以人口数据为例，数据堂可以提供数据源，如高精度网格化人口数据（反映人口静态情况）、出租车GPS数据和公交车刷卡数据（反映人口动态流动情况）。同时，数据堂也可以提供数据产品，如精准分析常住人口和流动人口的年龄特点、密度、活动规律、迁移路线，挖掘指定地点的人口规律数据和用户属性（籍贯、住所、单位、常去场所、主要行动轨迹、人口消费能力）。

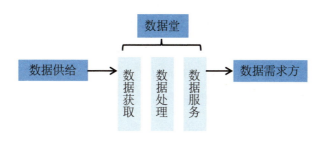

数据堂主要功能

数据交易存在涉及隐私而触雷的风险。2017年，数据堂陷入侵犯个人信息案件风波，该案系最高人民检察院、公安部联合挂牌督办的特大侵犯个人信息专案，数据堂有6人涉案。

数据堂曾有四条业务线，即营销线、金融线、财经线和人工智能线。检方查明，营销线在运营时，由资源合作部购入数据，该案某被告之一所在的资源平台部负责接收数据，并将数据放入公司集群。另一被告所在的技术组根据产品组要求，将集群上的数据根据用户兴趣、爱好等分别打上不同标签，之后依据客户需求向其传输数据。检方指控，截至案发，数据堂共向金时公司交付包含公民个人信息的数据60余万条，金时公司共计向客户发送公民个人信息168万余条。

虽然在这一案件中，数据堂本身未作为法人主体被起诉单位犯罪，但受这一案件影响，2017年，数据堂关停营销线和金融线。

三、互联网企业"派生"的大数据交易实践

以百度、腾讯、阿里巴巴等为代表的互联网企业凭借其拥有的数据规模优势和技术优势在大数据交易领域快速崛起。互联网头部企业介入的大数据交易一般是基于公司本身业务派生的标准化产品，充分利用"母体"资源，与企业母体存在强关联性。一方面，互联网企业可以将自身积累的丰富数据与各种场景结合，提供包括营销获客、金融风控等综合化服务，部分互联网企

业已经成功介入个人征信和企业征信持牌服务。另一方面，互联网企业也在搭建数据交易平台，一部分数据交易平台作为子平台，数据来源主要是"母体"，并以服务"母体"相关板块布局为目标；有一部分数据交易平台脱离"母体"独立运营，即便如此，也能从中看到"母体"的影子（图2-2）。以京东万象[1]为例，京东万象作为京东的业务组成部分，其交易的数据与服务的主体与电商息息相关。京东万象的交易数据品类较为集中，尽管京东万象的目的是打造全品类数据资产交易，但目前平台主推的仍是金融行业的相关数据。

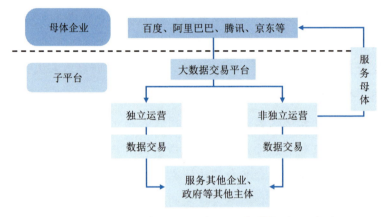

图2-2 互联网企业"派生"的大数据交易实践

🔗 **知识链接** -

京东万象[2]

京东万象大数据交易平台是京东云在已有的云计算平台基础上围绕数据提供方、数据需求方、数据服务方等，构建的以数据开放、数据共享、

---

① 石海娥. 京东的区块链实践[J]. 光彩，2017（9）：30-31.

② 王云. 区块链"再下一城"：数据流通[J]. 上海信息化，2017（3）：57-59.

数据分析为核心的综合性数据开放平台，可实现数据提供方与数据需求方的数据对接，解决企业内部资源整合、数据缺失、数据孤岛[1]等问题。

京东万象目前可以提供交易的数据类型主要有API[2]（如短信验证码接口、航班起降时间查询、公司年报信息查询等数百类产品）、数据包（经过清洗、脱敏的原始数据）、数据报告（不同主题的分析结果、行业分析报告，如《图书阅读报告》《美妆消费报告》《京东生鲜行业调研报告》）。京东万象覆盖的数据类型多样，目前拥有金融、征信、电商、质检、海关、运营商等领域的数据，未来会引入各类政府开放的数据，让京东万象大数据供需生态更加丰富。

值得注意的是，京东万象大数据流通平台在国内率先应用区块链技术，是利用区块链有效保护数据知识产权的大数据平台。京东万象负责人表示："区块链虽然不一定能完全解决数据'黑市'问题，但它至少可以建立一个可以交易到'干净'数据的地方，而且成员组织可以共享自己的数据，通过智能合约[3]保证母数据的发行权益。这就迈出了建立绿色、合法数据交易生态的第一步。"

---

[1] 叶明，王岩. 人工智能时代数据孤岛破解法律制度研究[J]. 大连理工大学学报（社会科学版），2019，40（5）：69-77.

[2] API（Application Programming Interface）：应用程序接口。数字经济时代，几乎每个人都无时无刻不在享受API带来的便利，如当消费者在电商平台购买一双鞋时，在尺码框勾选了码数后，系统会自动告知消费者库存情况，这里的尺码框即可看作一个API；再如当旅客预订机票时，会在信息栏填写相应个人信息，提交后机票将出票，航空公司数据库中也产生了相应订单，这里的信息栏就可以看作一个API。简单地说，API是指对接使用者和后台服务的程序接口。

[3] 智能合约：最初由学者尼克·萨博（Nick Szabo）提出，被定义为一套以数字形式定义的承诺，其设计初衷是通过将智能合约内置到物理实体创造各种灵活可控的智能资产。区块链技术重新定义了智能合约，智能合约是部署在区块链上的可执行代码，具有区块链的一般特征，如分布式记录、存储和验证、不可篡改或伪造等。智能合约封装了事先设定好的若干状态、转换规则和触发合约执行的情景等，一旦满足条件的事件发生，可以不依赖中心机构自动化地实现一系列预设的操作。

区块链技术[①]的核心特点是去中心化、可追溯和无法篡改。在交易前，京东万象就可以利用区块链技术对卖方数据进行确权，明确其归属，并且将确权证书同步到各个节点。未经许可盗卖没有确权证书或者证书与区块链确权证书不匹配的数据，数据提供方就可以要求法律保护。区块链既可以消除数据提供方的担忧，又可以满足数据需求方找到合规、正版数据的需求。不过，目前京东万象对于区块链的应用尚不成熟，随着未来节点数量增加、政府机构的加入，京东万象对于数据的保障程度将进一步提升。

四、以政企结合方式形成的数据交易实践

经过实践探索，我国在多个应用场景实现了政府数据资产与企业数据资产相融合，推动了数字经济的发展。随着各城市数据平台的建立，城市大数据运营的价值逐渐得到释放。目前，全国涌现出了众多典型应用。例如，济南市章丘区政府与国网济南供电公司合作开发的"智能电网+工业互联网"大数据融合应用平台，将工业制造、智能工厂等与电力大数据深度融合，改进当前工业制造链，为工业用户提供更加详细的数据应用服务。山东潍坊推出便民服务平台——知己、潍V、V派等创新应用成果，由公安部第三研究所与华为终端云服务合作，将 eID[②]载入华为手机，支持潍坊互联网便民服务平台的线上身份认证，双方联合创新的身份电子证照支持办理酒店入住场景。

新冠疫情期间，政企数据共享实践逐步加强。例如，工信部建设了国家重点医疗物资保障调度平台，该平台通过收集、分析、监控重点医疗物资企业的相关资源数据，提升应急资源供应效率；通过对确诊患者信息进行脱敏

---

① 袁勇，王飞跃. 区块链技术发展现状与展望[J]. 自动化学报，2016，42（4）：481-494.
② eID（electronic Identity）：全称为公民网络电子身份标识。eID数字身份是以居民身份证号码为根，由"公民网络身份识别系统"基于密码算法统一为中国公民生成的数字标记，具有在线身份认证、签名验签和线下身份认证等功能，由用户持本人法定身份证件通过在线或临柜的方式开通使用。

处理，政府有序开放患者发病日期、确诊前14日活动轨迹等可机读、结构化数据，供社会主体查询，有效消除公众恐慌情绪，助力疫情防控。

🔗 **知识链接**- -

潍坊便民服务应用

—— 知己、潍V、V派

　　潍坊市开发了多款便民服务应用，如知己、潍V和V派等App，并采用全球首创的以华为手机为载体的eID。公安部第三研究所与华为终端云服务合作，把eID载入华为手机，支持采用华为手机eID在潍坊互联网便民服务平台（如潍V、V派）进行线上身份认证。

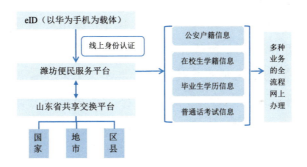

eID助力潍坊便民服务平台实现业务网上办理

　　"知己"是网络身份鉴权领域的重大创新，用户通过手机进行包括面部识别在内的多维度验证，即可获取本人身份证的动态二维码，从而为用户的无证出行及各项事务办理带来极大便利。该平台已获2017年山东省公安厅科学技术进步奖一等奖，并获公安部立项。潍坊市依托"知己"身份认证，可以对接山东省共享交换平台，通过上联国家、直通地市、下联区县，构建覆盖国家、地市以及区县的三级互联互通网络，唤醒了沉睡在政府系统的公安户籍信息、在校生学籍信息、毕业生学历信息、普通话等级考试信息等业务数据，实现了多种业务的全流程网上办理。户籍档案电子化管理还成为潍坊公安数据库建设的源头活水，为公安大数据平台提供了真实有效的基础数据支撑。户籍办理过程中，办理群众的个人信息、笔迹、印章、指纹、图像等数据全部存入系统，与"全省警务云治安系统"对接，实现各类业务、档案信息与警务云大数据比对。

依托"知己"网络身份认证技术，潍坊大力推广"三无智慧生活联盟"，倡导"无卡、无证、无钱包"的智慧城市品质生活。创新推出的新一代市民卡——"V派"智慧城市通行证，以手机App方式集成居民身份证、医保卡，以及银行卡、公交卡、门禁卡、图书借阅卡、旅游一卡通等信息服务，实现市民事项办理、交通出行、移动支付等便捷应用，让市民畅享"一机在手、通行全城"的便利生活。

同时，潍坊还建立了"潍V"智慧城市云服务平台。"潍V"立足"互联网+"，整合潍坊医疗、健康、养老、教育、旅游、社保等民生服务领域，以及电子商务等信息和服务资源，让公众通过手机等终端即可体验"吃住行游娱购"的智慧城市便捷生活，其中，"潍V·健康宝"为市民提供二级以上医疗机构手机挂号、医保支付、电子病历、健康咨询、档案和远程坐诊、医疗等服务；"潍V·班讯通"实现了教师与学生家长群内沟通；"潍V·爱旅游"为居民（游客）提供智能出行及周边服务设施（如景点）查询、智能导游、电子门票等服务；"潍V·我的E天"搭建市民智慧生活场景，完善生活服务类信息交互功能。

第二节　大数据交易主要模式

大数据交易主要是指将大数据作为一种资源，数据产权拥有者通过各种交易方式将其转移到需求者手中从而获得收益的过程。国内外各类大数据交易模式如图2-3所示。

图2-3　大数据交易模式图解

以大数据结构化程度为标准，可将大数据交易模式分为四种：原始大数据交易模式、经过分析甄别处理后的大数据交易模式、基于大数据的决策方案交易模式、大数据中间商交易模式[1]（表2-2）。

① 李骥宇. 大数据交易模式的探讨[J]. 移动通信，2016，40（5）：41-44.

表2-2　数据交易的主要模式

数据交易模式	特点	问题
原始大数据交易模式	产生数据的企业向需求方租赁； 以大数据使用权交易为主； 能够多次交易； 价格较低	供需错配； 定价困难； 数据泄漏
经过分析甄别处理后的大数据交易模式	企业与企业之间的交易； 分析甄别处理后的大数据交易； 交易数据为分析结果而非原始数据； 更能够满足用户需求	数据潜在价值挖掘受限； 缺乏细分领域的挖掘分析技术和其他专业知识
基于大数据的决策方案交易模式	主要提供商为大数据企业； 提供基于大数据的决策服务； 价格相对较高	增加商业决策出现盲区的可能性； 企业在添置云服务及分布计算平台等方面支出较大； 数据非结构化特征显著
大数据中间商交易模式	数据交易机构的主要交易模式； 数据撮合交易模式与数据增值服务模式	企业出售和购买数据的意识有限； 平台尚未建立起促进企业提供高价值数据的有效机制

一、原始大数据交易模式

常见的原始大数据类型为百度、谷歌等搜索引擎关键词，微博、推特、脸书等社交平台的个人评论足迹的追踪、统计，以及知网、维普等网站的学术数据检索使用。原始大数据交易模式的特点就是以大数据使用权交易为主，能够实现多次交易，价格相对较低，主要通过大数据需求方向产生数据的企业以大数据在线租赁等形式实现。

　　该模式的不足之处主要是供需错配、定价困难和数据泄漏。产生供需错配的主要原因是数据供应方提供的数据往往仅来源于自身的组织机构，数据量相对有限且单一，只能服务某一特定种类的客户。数据定价困难主要有两个原因，一是无法直接判断数据资源价值，数据需求者在购买数据之前无法获知数据能够产生多少价值；二是同一份数据对于不同购买者来说，能够产生不同的价值。从数据供应方角度来看，最优定价原则为差异化定价，即根据数据对于不同买家产生的差异化价值来收取不同的费用。但是，有的交易平台难以实现这种定价方式。数据泄漏指的是购买者从数据供应商手中购买数据以后，可能会把数据再次出售给其他购买者，产生该问题的原因主要是数据具有易复制的特点。

二、经过分析甄别处理后的大数据交易模式

　　经过分析甄别处理后的大数据交易的双方主要是企业，交易形式有数据出租、买断、收益等。这种交易类似信息交易，已具有信息交易的雏形，受到相应的知识产权保护。国内正处于大数据技术发展阶段，数据产品出售领域有所欠缺。百度云、阿里云等都是以大数据技术服务为主，本身并不出售处理后的数据，这也导致目前中国的大数据交易仍然以出售基础大数据的使用权为主。

　　经过分析甄别处理后的大数据交易模式，其优势在于交易数据为分析结果而非原始数据，既可以规避困扰数据交易的数据隐私保护和数据所有权问题，有利于活跃数据交易市场，又可以根据购买者需求分析甄别数据，更好地满足用户需求。但是，该模式也有一定劣势。大数据提供商根据购买者的需求对数据进行处理，形成分析结果出售。在对细分领域进行数据分析时，数据提供商可能会缺乏挖掘分析技术及其他专业知识，这在一定程度上限制了对数据潜在价值的挖掘。

三、基于大数据的决策方案交易模式

基于大数据的决策方案交易模式，其服务提供商为大数据企业，价格相对较高。例如，麦肯锡公司提供市场分析、性能基准测试和定制研究，以帮助能源公司作出战略投资、交易和操作的关键决策；总部位于德国沃尔多夫市的SAP公司通过专业模型，深入分析体育赛事、医疗、市场营销等社会多个领域，是全球领先的企业管理软件解决方案提供商；天睿公司（Teradata）是全球领先的大数据分析解决方案供应商，沃尔玛即借助天睿公司的数据分析来获得营销的灵感与创新。我国大数据分析类技术产品发展迅速，通用数据分析工具类产品应运而生[1]，运用机器学习以利用数据，并进行模型预测，用来解决三类问题：分类、预测以及生成问题。例如，百度大数据分析挖掘平台Jarvis作为支撑大数据分析挖掘应用开发的工具和平台，服务于数据科学家、业务开发者、数据分析师、产品经理、决策分析者等各类用户，基于纵向分层、横向分级，可解决数据分析挖掘过程中的数据处理、计算资源、算子算法支持、环境部署等各环节问题，为我国数据市场注入新的活力。虽然机器学习特别是深度学习有着令人激动和广阔的潜力，但它们的发展和潜力同时伴随着现实的担忧，如关于隐私、数据审查和数据所有权的问题。远在大数据时代到来以前，这些问题就已存在，现在，问题有增无减。

基于大数据的决策方案交易模式仍有两大难点。难点一在于只分析相关关系，将导致商业决策出现盲区。例如，在分析产品何以畅销时，可以找到畅销的相关因素，但无法分析其畅销的本质原因，以至于产品持续产生同质化迭代，从而失去创新力。难点二在于完整的大数据难以被企业获取。随着数据规模越来越庞大，企业的大数据存储与处理能力不断受到挑战。目前，依赖传统介质存储数据的方式已无法满足需求，商业数据的存储往往依赖云

---

① 闫树. 大数据：发展现状与未来趋势[J]. 中国经济报告，2020（1）：38-52.

储存的方式。企业在添置云服务及分布计算平台等方面的预算是一笔不小的支出。另外，由于难以获取完整的、结构化的数据，大数据在很大程度上存在非结构化的特征。

🔗 知识链接 -

天睿公司

天睿公司（Teradata）成立于1979年，产品覆盖数据解决方案、软硬件解决方案和客户关系服务，合作国家及地区超过75个。其中，大中华区是天睿公司业务增长的重要市场。天睿公司成立后不久，迅速发展为全球领先的大数据分析和数据仓库解决方案供应商，用户所在行业涉及金融服务、零售业、保险业、通信业、媒体和娱乐业、政府与公共服务、医疗与制药业、制造业、酒店餐饮业、博彩业、旅游与运输业、公用事业、邮政行业、能源行业等。

营销解决方案

沃尔玛营销经典案例"啤酒与尿片"便是利用了天睿公司的数据分析和数据仓库解决方案。数据分析显示，10月至次年1月的每周一，沃尔玛的啤酒与尿片都卖得特别好。经过观察与研究，沃尔玛发现，10月至次年1月是美国的橄榄球季（Football Season），尤其是星期一橄榄球之夜（Monday Night Football）是美国男人必看的节目。他们看球赛转播之前，会去买啤酒，老婆们则会叫老公顺便买尿片。该超市便在星期一将啤酒与尿片摆在一起，并推出啤酒与尿片的优惠套装，结果使啤酒和尿片的销量双双激增。

客户服务解决方案

美国哈拉斯娱乐公司（Harrah's）位于美国拉斯维加斯机场附近，交通便利，客户众多，哈拉斯娱乐公司利用天睿大数据分析和数据仓库解决方案，实施个性化的客户黏性评估项目。该公司根据客户的娱乐消费状况机动调整促销方案，如果系统分析出某位客户的损失已经接近最大损失承受点，哈拉斯娱乐公司的服务员就会根据获得的实时信息，立刻邀请他去会客室免费吃顿牛排大餐停止当晚的娱乐活动。通过这样一系列的市场策略，哈拉斯成功地将客户的资金份额从35%提升至43%。

软硬件解决方案

中国邮政集团公司直属全资公司中国速递服务公司（EMS）采用天睿公司全球领先的动态企业级数据仓库解决方案，搭建第三代速递跟踪查询系统。该系统于2006年6月上线运行，是中国第一个利用动态数据仓库技术实现实时数据加载与查询的系统。目前速递邮件的收寄、投递信息在处理完成5分钟内即可发送上网，而对于采用无线手持终端方式上传的邮件状态，可以在3秒钟内即体现出邮件的最新状态，大大提高了查询的时效性，更好地满足用户需求。

四、大数据中间商交易模式

大数据中间商交易模式是我国数据交易机构的主要交易模式。大数据中间商交易模式包括数据撮合交易模式与数据增值服务模式。数据撮合交易模式类似传统的商品集市，因此又被称为"数据集市"。在数据撮合交易模式下，数据交易机构以交易粗加工的原始数据为主，不对数据进行任何预处理或深度的信息挖掘分析，在收集和整合数据资源后便将其直接出售。很多交易所或交易中心在发展初期都以这种交易模式为基本发展思路。在数据增值服务模式下，数据交易机构不是简单地将买方和卖方进行撮合，而是根据不同用户的需求，围绕大数据基础资源进行清洗、分析、建模、可视化等操作，形成定制化的数据产品，然后再提供给需求方。从各地实践效果来看，大部分数据交易机构经过多次探索之后，选择提供数据增值服务的交易模式，而不是直接交易基础数据资源。

例如，贵阳大数据交易所作为全球第一家大数据交易所，本身并不生产数据，而是通过与提供大数据资源的企业合作，将经过清洗、分析、建模、可视化等操作后的大数据出售给会员并收取手续费。选用这种模式的出发点在于：第一，贵阳大数据交易平台具备权威性和公信力，更能吸引调动各方资源，汇聚高价值数据；第二，对交易双方提出较为严格的会员资格要求，一定程度上保证了数据质量和数据安全。

2020年9月，北京市地方金融监督管理局、北京市经济和信息化局印发《北京国际大数据交易所设立工作实施方案》，根据该方案，北京国际大数据交易所提供的数据产品交易服务包括数据撮合交易模式和数据增值服务模式，交易类别主要有四种：一是数据产品所有权交易，二是数据产品使用权交易，三是数据产品收益权交易，四是数据产品跨境交易。

大数据中间商交易模式为数据供求双方搭建桥梁。但该模式仍存在一定的局限性。目前，我国数据交易市场尚不成熟，企业出售和购买数据的意识不强，平台尚未建立起促进企业提供高价值数据的有效机制。

第三章

—

数据要素交易的前提：数据确权

第一节　数据确权难点

确定数据要素产权归属是构建我国数据交易市场的前提条件，也是我国数字经济迈向规范化的重要一步。我国非常重视数据确权问题。2017年12月，十九届中央政治局就实施国家大数据战略进行第二次集体学习，习近平总书记在主持学习时强调，要制定数据资源确权、开放、流通、交易相关制度，完善数据产权保护制度。①目前，已出台的《中华人民共和国民法典》《中华人民共和国网络安全法》《电信和互联网用户个人信息保护规定》等相关法律法规部分回应了个人信息保护、数据竞争和数据服务合同等相关现实问题，但尚未针对数据确权问题给出明确的回应。此外，从个人用户和服务提供方（电商网站、网络游戏平台等）的法律关系看，用户在使用服务的过程中所产生的数据，其所有权尚不清晰。

随着信息技术革命深入发展，互联网、大数据、云计算、物联网、人工智能等技术逐步深入人们生活的方方面面，数据这种新型要素在社会发展中的地位越来越高，实际作用越来越大，是未来重要的生产资料。加快建立数据要素市场，是社会发展到特定历史阶段的必然要求。党的十九届五中全会提出，"建立数据资源产权、交易流通、跨境传输和安全保护等基础制度和标准规范，推动数据资源开发利用"。明确数据的权属是建立有效数据要素市场

---

① 审时度势精心谋划超前布局力争主动 实施国家大数据战略加快建设数字中国[N].人民日报，2017-12-10（1）.

的基本条件，然而现实中数据确权存在多重难点，这是当前阻碍数据参与市场化配置的重要因素。

按照经济学原则，市场上交易的任何产品和服务都应界定其所有权。如果交易的产品或服务没有明确的所有权归属，那么想要获得该资源的个人就不会通过市场竞争的方式租赁或者购买该资源，而是花费时间、精力去获得，甚至雇人去抢夺。这种激烈甚至不正当的竞争既危害社会秩序又造成资源价值的耗散。因此，为了减少此类损失，人们通过停止争夺、进行合作，并建立契约的形式界定相应的权利与义务，形成所有权制度，确保稀缺资源能够得到最优配置。对于数据要素来说，就是要做好数据确权。只有界定了特定数据的所有权归属，实现数据的明确定位，保障数据持有者的合法权益，数据交易市场才能持续稳定发展。数据确权主要解决以下三个基本问题：一是数据权力属性，即给予数据何种权利保护；二是数据权利主体，即谁应该享有数据上附着的利益；三是数据权利内容，即明确数据主体享有哪些具体的权能。

数据作为一种虚拟产品，具有特殊的自然属性和复杂的社会属性，[①] 其权属不同于传统物权可以被直接支配。数据特殊的自然属性主要体现于三点：一是数据的本质是一串字符，是一种无形资源，不以自然物质形式呈现；二是数据的价值不在其本身，而体现在其携带信息的价值，或者对数据进行处理后所形成的数据产品的价值；三是数据具有可复制性且复制成本几乎为零的特征。数据可以被无限复制，同时其携带的信息和价值却不会减损。但是，数据被复制后容易脱离控制，出现被多方占有或控制的问题。

数据的全生命周期包括数据生产、数据采集、数据存储、数据处理、数据传输、数据交换、数据销毁七个阶段。在不同阶段，数据所有权有着不同的支配主体，如数据提供者、数据收集者、数据处理者等。其所有权并不一定完全属于某个特定的经济主体，确定数据权利主体时会出现困难。正是由

---

① 邹丽华，冯念慈，程序. 关于数据确权问题的探讨[J].中国管理信息化，2020，23（17）：180-182.

于这些特殊的自然属性，数据才与传统财产权所保护的客体有所区别，所以传统财产权制度难以对数据加以保护。

数据复杂的社会属性主要有两点。其一，法律属性不明确。在数据的全生命周期中，数据具有复杂多变的权属关系，如数据所有权、使用权、管理权、交易权等，而这些权益没有被相关的法律明确界定和完全保护。《中华人民共和国民法典》《中华人民共和国知识产权法》《中华人民共和国反不正当竞争法》等法律法规均未明确数据的法律属性，数据的财产属性和权利属性不明确。数据特殊的自然属性使其区分于传统的"物"，导致数据既不能纳入《中华人民共和国民法典》第二编"物权"的"物"的范畴，也不能采取债权、知识产权等保护路径予以保护。其二，社会关系复杂。生产采集数据的主体有公有部门和私有部门之分，决定了数据是否具备"公有性"；生产采集的数据是否包含个人信息数据，决定了是否涉及人格权保护的范畴；数据是原始数据还是加工后形成的数据，决定了数据确权时是否要考虑加工者在数据加工过程中所投入的必要劳动时间（价值）和生产资料的贡献。

数据特殊的自然属性和复杂的社会属性使附着于数据之上的权利属性难以明确。另外，数据确权的难点还在于需权衡国家、社会和个体三方之间的权益。在国家层面，数据确权应有助于确保国家网络安全空间主权、提升大数据安全管控能力和强化国家关键数据资源保护能力；在社会层面，数据确权应有效引导、规范、推动大数据活动，促进大数据产业和数字经济发展，并保障社会公共福利和社会公平正义；在个体层面，数据确权应保障与数据活动相关的个体合法权益和个人隐私安全。目前，无论是在美国、日本以及欧洲发达国家，还是我国这样的发展中国家，由于数据本身的复杂性、权利主体的多元性、与普通物品所有权界定的差异性，其产权界定在学术界、产业界都尚未形成定论，各国也没有明确的针对数据产权的法律法规。

根据国内外相关法律概念与规范体系，个人数据是一个明确的法律概念，自然人对自己的数据享有隐私权；政府数据属于公共资源，可以共享；商业数据比较模糊，尚未成为严格的法律概念。从我国当前的法律体系来看，对企业数据权的关注远远小于对个人数据权的关注，这在刑法上尤为明显。近年来，我国的司法实践在一定程度上明确了企业对基于合法获得的数据所形成的数据衍生产品享有财产性权利。从新闻报道与公共讨论来看，企业数据的财产权保护也得到全社会的广泛认可。然而，这种程度的界定显然是具有强烈主观性、随机性的，是不充分的。

第二节　数据确权议题中科斯定理无效

科斯定理是由诺贝尔经济学奖得主罗纳德·哈里·科斯命名的，概括了科斯关于产权配置的思想，该定理常被应用于排污权、土地权、碳交易权等产权确定中。科斯定理描述的是，在完全竞争市场中，对于具有竞争性和排他性特征的生产要素，市场相关主体能够通过谈判将资源配置给能够创造出最大财富的一方，从而实现经济效率最大化的产权界定目标。科斯定理是新制度经济学的一个重要的理论基础，其实质在于强调了产权、制度对资源配置的重要意义。对于数据应该确权给平台还是个人，经济学界也多基于科斯定理来回答此问题。然而，数据具有非竞争性、公共性或准公共性特征，违反了科斯定理的产权界定前提；同时，科斯的产权方案虽然有效解决了经济效率和社会财富最大化问题，但是忽视了社会的公平正义，最终也必然损害效率 。因此，若直接套用科斯定理对数据进行确权，可能会进一步扩大数字鸿沟，损害经济效率和社会公平。

科斯定理指出，在产权明确且交易成本为零或者很小时，无论初始产权赋予谁，供给与需求平衡状态下市场均衡的最终结果都是有效率的，能够实现资源配置的帕累托最优。

✐ **背景知识** -

科斯定理

罗纳德·哈里·科斯于1937年和1960年分别发表了《企业的性质》和《社会成本问题》两篇论文。人们认为"科斯定理是产权经济学研究的基础，其核心内容是关于交易费用的论断"。

《社会成本问题》一文采用了解决环境污染问题的一个案例分析。钢铁厂生产钢，其所要付出的是铁矿石、煤炭、机器设备、劳动力等成本，这是钢铁厂生产钢的"私人成本"。而在生产过程中，钢铁厂排放的污水、废气、废渣等会破坏自然环境，这是钢铁厂生产钢的"社会成本"。如果"社会成本"大于"私人成本"，对于整个经济体而言是不利的，因此，有经济学家提出，通过政府向钢铁厂征税来解决这个问题。

然而，征税使钢铁厂生产的"私人成本"增加，可能导致钢铁产量的下降，而且政府制定合适的税率和有效的征税也需要付出很高的成本。对此，科斯提出政府只需明确产权。如果把产权判给河边的居民，则居民会要求钢铁厂给予相应的赔偿费，否则不让钢铁厂在此设厂开工，钢铁厂付出"赔偿费"使其"私人成本"上升就会降低产量；如果把产权判给钢铁厂，则居民为保证自己的身体健康会主动给予钢铁厂"赎金"，"收买"钢铁厂少生产钢铁从而减少污染。当生产钢铁的收益等于少生产钢铁但收取"赎金"的收益时，钢铁厂就会减少生产。对于整个经济体而言，无论是产权给居民使厂商付出"赔偿费"，还是产权给厂商使居民付出"赎金"，最终结果都会是钢铁厂少生产钢铁以减少污染，且最后达成交易时的生产量和排污量相同的结果。

如果钢铁厂和居民在谈判过程中的交易成本很低或几乎为零时，那么界定产权的方式使本案例所描述的经济状态最终达成帕累托最优，即经济状态的任何改变都不能使此状态中的任何一个社会成员的境况变好而不使其他社会成员的境况变坏。交易成本指的是为了达成一项交易所要付出的时间、精力和产品之外的金钱，如市场调查、情报搜集、质量检验、条件谈判、讨价还价、起草合同、聘请律师、请客吃饭等。本案例也可能产生交易成本。例如，居民和钢铁厂为防止对方夸大自身的损失而索要超额补偿时，双方会在谈判前进行详细调查，此过程会产生信息搜集和调查等交易成本；如果是多个厂商和多户居民，在如何分享"赎金"和分摊"赔偿金"问题上吵得不可开交时，也会产生一定的交易成本。如果交易成本存在，即使产权是明确的，最终实现的资源配置结果也不是最优的。

对于数据要素产权配置而言，科斯定理是有效的吗？有学者[1]通过一个微观模型阐释了基于科斯定理来研究数据使用产权是无效的，强调将数据权属归于公司还是消费者，取决于数据对生产经营的价值，以及消费者能在多大程度上将他们的数据货币化。如果数据对于生产经营是低价值的，应当将数据确权给个人；如果是高价值的，应当将数据确权给企业。然而，他们并未考虑数据的非竞争性。

因此，有学者[2]建立了一个研究数据经济学的理论框架，通过对数据非竞争性（一个人的地理位置信息、医疗记录和驾驶等数据可以被多个公司同时使用）的分析，论证科斯定理在数据确权问题研究中并不适用。他们认为，数据的非竞争性使数据能被多个公司广泛使用，即使存在隐私方面的考量，总体上也能使回报增加，带来收益。然而，由于担心其商业模式遭遇创造性破坏，企业可能会选择储存数据，致使非竞争性数据被低效使用。进一步研

---

[1] Dosis A, Sand-Zantman W. The Ownership of Data[J]. The Journal of Law, Economics, and Organization, 2022.DOI:10.1093/jleo/ewac001.

[2] Jones C I, Tonetti C. Nonrivalry and the Economics of Data[J]. American Economic Review, 2020, 110（9）：28-58.

究可知，将数据产权赋予消费者可以产生接近最优的分配。此时，由消费者权衡广泛出售数据带来的隐私担忧与经济收益。

由于数据要素具有非竞争性和大数据众多主体的特征，绝对的排他性数据产权不仅不会有效保护用户隐私，还会阻碍数据要素的最大化开发利用，因此任何人都不应对数据要素本身拥有排他性产权，即数据产权不能由一个主体独自占有。[①] 在这一论证中，数据的非竞争性无法满足科斯定理中实现资源配置的结果，大数据众多主体的特征无法满足科斯定理中交易成本近乎为零的前提。因此，科斯定理在数据要素产权配置中失效。

整体看来，数据要素配置无法采用科斯定理的原因如下。

一方面，由于数据具有非竞争性的特征，所以适用于具有竞争性和排他性特征的私人物品的科斯定理不再充分有效。竞争性是指一个人使用或消费一种物品时，就减少了其他人使用或消费该种物品的机会。排他性是指一个人使用或消费一种物品时可以阻止其他人使用或消费该种物品的特性。数据要素的非竞争性是指更多人使用同一数据并不会造成或加剧数字资源的稀缺性并降低其他人使用该数据的价值，其他人同时使用该数据不仅不会带来快速上升的边际成本（每增加一个使用者所需要付出的成本增加量），反而边际成本趋近于零。在数据要素具有非竞争性的情况下，实现数据要素开发利用的社会价值最大化的根本是促进数据的开放共享和重复使用，而非排他性占有。对使用非竞争性的数据要素的人而言，如果赋予其排他性产权，就会使数据仅被使用价值最大的所有者使用，这排除了更多人重复使用同一数据要素的可能，封锁了数据倍增、经济增长和实现最大价值的可能。

另一方面，大数据多元主体的特征，赋予众多原始数据主体对个人数据拥有排他性所有权会导致产权碎片化，产生资源利用不足的"反公共地悲剧"问题。"反公共地悲剧"是指很多人对稀缺资源拥有排他性产权，但任何人都不具有使用该资源的优先权，因此每个人都有权阻止其他人使用该资源或相

---

① 唐要家. 数据产权的经济分析[J]. 社会科学辑刊，2021（1）：98-106，209.

互设置使用障碍，从而出现资源利用不足的问题。单个数据是没有价值的，只有很多数据集中在一起并达到一定的规模，即构成大数据才具有商业开发的价值。在大数据涉及众多主体的情况下，如果为了保护用户隐私而赋予个人数据所有权，则数据企业采集、利用和交易数据时必须与每个用户进行谈判，由于个人隐私数据的交易价格受到个人对隐私价值偏好、使用者的数据使用范围、双方信息匹配程度和市场结构等因素的影响，个人隐私信息交易较难达成统一的市场均衡价格，更多是个人化定价，所以大数据的众多主体会带来非常高的谈判交易成本，违背了科斯定理交易成本很小或几乎为零的前提条件。任何一个数据主体的决策都对其他主体产生外部性[①]，每个数据主体个人利益最大化的决策会导致利用数据要素时出现"反公共地悲剧"问题。原始数据是一种稀缺资源，如果赋予众多原始数据主体对个人数据的排他性产权，那么这些权利主体为了阻止其他人使用数据资源而获取收益，就会采用各种手段来阻止数据资源的使用，阻碍数据要素的最大化利用，不利于数据要素市场的持续发展。

---

① 外部性是指一个经济主体的行为对其他人产生了影响，但并不为此承担相应成本或获取相应收益。

第三节　数据确权归属

在初始产权赋予给谁成为一个重要问题的情况下，数据确权中的最大争议是个人数据的所有权应当赋予消费者还是数据持有企业。如果以让数据要素产生的价值最大化作为数据确权和流通的目标，那么将数据赋权给企业可能更具经济方面的意义。

一方面，数据要素作为一种资产，是高度场景化的，有很强的专属特性。对此，数据确权应该采用"情景依存的有限产权"[①]。数据产权不应采用"一刀切"的方式，其配置必须基于特定的数据开发利用情景，依据不同类型数据的经济属性、数据的使用目的、数据的价值创造和数据的时效性等情景因素来分析。以线上金融服务为例，银行、运营商、互联网企业等都是目前数据要素化的关键渠道。各行业面对的场景不同，具体的数据源、存储结构、分析方式方法也有较大差异，经过多年积累的数据掌握在企业手里能保障数据发挥最大价值。未来的数据定价和数据市场建设需要围绕已经要素化的数据产品和服务展开，而不是针对未经加工的原始数据素材。价值评估不应以芜杂多样、难以理解的原始数据素材为标的物按量计价，而是依据针对特定的使用方式、使用场景开发的特定数据服务来估价。数据在完成要素化过程之后，进一步与实际需求相结合、与应用场景相结合，开发出专门的服务产品，再基于公平、公开、自觉、自愿的原则进行市场配置。

---

① 唐要家. 数据产权的经济分析[J]. 社会科学辑刊，2021（1）：98-106，209.

　　另一方面，数据的要素化过程需要大量投入，不仅有搭建平台的硬件投入，还有要素化过程中的技术支撑。要让数据发挥最大的生产力价值，既需要大量的数据积累，又需要对数据进行创造性使用，从而产生特异的具有知识产权属性的价值增量。银行、运营商、互联网科技公司等企业，是在数据要素化过程中起关键作用的平台，考虑其在此过程中所付出的必要劳动价值和生产资源，可使其对数据资产拥有剩余控制权。剩余控制权指资产所有者在其不违背原有契约、惯例或法律的前提下，拥有决定资产所有用途的权利。[①]数据要素化过程需要依托强大的计算存储等基础能力和专业化的人才队伍，前期投入巨大，耗时费力；同时，数据要素化有很大的规模效应和范围效应，适于专业的、长期持续投入的平台化发展。因此，依照"剩余控制"和"边际贡献分配"的原则，在数据要素化过程中起关键作用的平台，应该取得相应的权利。对于企业支付相应成本，通过分析、研发用户数据得到的大数据，如百度根据百度导航用户的行车数据和交通情况分析得到的大数据，其最优产权配置是赋予企业自身的，但微观个人数据仍基于消费者授权企业使用。

　　从这些特性考虑，如果把数据的要素化过程交给个人用户、多个个人用户的代理者（用户联盟）或者第三方数据公司来完成，那么会出现效率较低的问题，甚至可能无法完成。因为单一用户或者用户联盟对数据要素化的贡献的增量（边际贡献）较小，也缺乏让数据要素充分发挥作用的技术和资源。现代产权理论的基本思路是，在合作中形成的资产产权应归属于对合作产出边际贡献最大的一方。因此，从现代产权理论视角来看，如果受限于用户隐私和商业秘密保护，将数据要素化过程交给用户，就会对数据要素的剩余控制进行错配[②]。这样的错配必然会削弱对数据要素化起关键作用的一方在前期

---

① Grossman, S.J., Hart O. D., The Costs and Benefits of Ownership: A Theory of Vertical and Lateral Integration[J]. Journal of Political Economy, 1986, 94 (40), 691–719.

② 李刚，张钦坤，朱开鑫.数据要素确权交易的现代产权理论思路[J]. 山东大学学报（哲学社会科学版），2021（1）：87–97.

投入的积极性，结果很可能是数据要素化进程缓慢，数据要素的价值难以充分发挥，相关市场也发育不起来[1]。数据要素化不能完全赋予个人，那么数据产权也不能单独赋予个人。单独赋予个人以数据财产权会对企业的财产权产生冲击，而且会影响合同法所赋予企业的权利。同时，数据企业并未凭空收集到个人数据，此前已付出研发和服务成本，按照公平原则，可具有相应的民事权利。将数据通过所有权这一排他性极强的方式完全赋予个人，可能会阻碍数字经济发展[2]。

正是基于这一认识，有学者提出，可在满足个人基本权利保护的同时，保障数据在法律所允许范围内的正常流动，以及平衡数据企业、个人和第三方企业之间的利益关系。[3]因此，需解决数据权利定性的问题。传统财产权的定义难以平衡各方当事人的利益诉求，传统权利分配的学说难以对其进行解释，因此要转向权利束[4]的观点，以开放性权利束的视角看待数据财产。

数据财产是基于企业直接投入而产生的，内容多来自用户群体，从而成为一种集合性财产。用户对自身数据的控制，多为与个体关联相对密切的人权权益，其主要表现为消极控制，即基于隐私和其他受尊重需求的"禁止动用"。如果用户对于数据的原始内容，如UGC（用户原创内容），有产出贡献，也不能单凭用户一方的态度而忽略企业的权利。平衡各方利益时，既要考虑用户个人利益，又要考虑企业投入与权利关联性，因此，将财产所有权分配给企业是较为合适的。

但是，授予企业独占性的数据产权，则可能造成对个人隐私的过度侵犯。

---

① 李刚. 现代产权理论：一个产权投资与数据确权的思路[EB/OL].（2020-06-19）[2023-02-20]. https://www.tisi.org/14686.

② 申卫星. 论数据用益权[J]. 中国社会科学，2020（11）：110-131，207.

③ 包晓丽，熊丙万. 通讯录数据中的社会关系资本——数据要素产权配置的研究范式[J].中国法律评论，2020（2）：146-168.

④ 权力束是产权经济学家经常提到的一个概念，即产权是由许多权力构成的，如产权的排他性、收益性、可让渡性、可分割性等。

数据确权面临的一个重要挑战是同时满足数据隐私保护和数据要素高效利用这两个目标[①]。决定个人数据权属配置规则的竞争准则是：最有益于维系个人数据集束的生产激励，且应平衡其与降低个人隐私权侵害的风险，同时最大化利用个人数据集束之间的紧张关系。[②]但是，将数据产权赋予企业还是赋予消费者，这两种数据所有权一元结构都不利于这两个目标的同时实现。如果企业拥有数据的完全所有权，相当于授予企业对数据的专有垄断权，可能导致数据市场的扭曲。企业为了利润最大化，倾向过度开发利用和披露个人数据信息，不利于个人数据的隐私保护。如果消费者拥有数据的完全所有权，则可能导致两种问题：一是现实中的个人隐私市场存在高交易成本、信息不对称[③]等内生的市场失灵[④]；二是数据企业收集个人数据需要付出研发和服务成本，而赋予个人以数据财产权会冲击企业的财产性权益，影响企业付出成本后的收益回报。在个人独占数据产权的情况下，个人数据交易市场会导致数据共享利用的成本过高，阻碍非竞争性数据要素的共享再用，产生数据使用不足等资源闲置问题，而且会打击企业对数据要素进行研发使用的热情，进而阻碍数字经济发展。

　　未来，应根据数据要素市场对数据积极利用的巨大需求，借助"自物权—他物权"和"著作权—邻接权"[⑤]的权利分割思想，容纳作为现代新兴权利

---

① 唐要家. 数据产权的经济分析[J]. 社会科学辑刊，2021（1）：98-106，209.

② 黄锫. 大数据时代个人数据权属的配置规则[J]. 法学杂志，2021，42（1）：99-110.

③ 信息不对称是指一些人往往拥有比另一些人更多的信息，而这种信息差别会影响他们的决策和交易方式。

④ 市场失灵是指由于市场中存在垄断、外部性、公共物品和信息不对称等因素，市场机制不能充分地发挥作用而导致资源配置缺乏效率或资源配置失当的情况。

⑤ 邻接权属于广义的著作权，原意是相邻、相关的权利，《中华人民共和国著作权法》将邻接权称为"与著作权有关的权利"，包括表演者对其表演活动、录音录像制作者对其制作的录音录像、广播组织对其播出的广播信号，以及出版者对其版式设计所享有的专有权利。

客体的数据[①]。以"著作权—邻接权"为例，一部原创小说，法律赋予其著作权，而对于之后以该小说为基础进行的再创作，如有声书、电影、电视剧等，即使再创作的作品比原来的小说更有名气，也只赋予其邻接权，而不赋予其著作权。数据赋权可以类比著作权—邻接权，根据不同主体对数据形成的贡献来源和程度的不同，设定数据原发者拥有数据所有权、数据处理者拥有数据用益权的二元权利结构，以实现数据财产权益分配的均衡[②]。数据用益权给予平台企业以支配权，企业可以对数据进行处理、控制、研发、许可，甚至转让，这样分配权利既尊重权利的来源，又尊重平台企业对数据的贡献。数据用益权既可以基于数据所有权人授权和数据采集、加工等事实行为取得，也可以通过共享、交易等方式继受取得。其中，数据的交易与共享需要依托具有公信力的公共数据平台、数据中间商进行。数据用益权包括控制、开发、许可、转让等四项积极权能，以及相应的删除等消极防御权能，在公平、合理、非歧视原则下行使各项权能可以平衡数据财产权保护与数据充分利用两种价值，推动数据要素市场快速健康发展[③]。

在社交平台中，信息主要关注的是群体而不是个人。[④]因此，简单的二元权利结构不足以解决最终所有权的归属问题。产权的最佳分配取决于数据的价值，或者等效地取决于生成数据的市场与使用数据的市场之间的相对权重。当前者更重要时，消费者应拥有数据产权；当后者更重要时，公司拥有数据产权有助于社会整体福利的提高。

---

① 申卫星. 论数据用益权[J]. 中国社会科学，2020（11）：110-131，207.

② 申卫星. 论数据用益权[J]. 中国社会科学，2020（11）：110-131，207.

③ 申卫星. 论数据用益权[J]. 中国社会科学，2020（11）：110-131，207.

④ Dosis A, Sand-Zantman W. The Ownership of Data[J]. The Journal of Law, Economics, and Organization, 2022.DOI:10.1093/jleo/ewac001.

第四节　数据确权和数据分级

实践中，数据确权问题主要基于数据分类，对不同的数据采取不同的确权方式。2017年12月29日，原中华人民共和国国家质量监督检验检疫总局、中国国家标准化管理委员会发布GB/T 35273-2017《信息安全技术　个人信息安全规范》，该规范于2018年5月1日实施；2020年3月7日，国家市场监督管理总局、国家标准化管理委员会发布GB/T 35273-2020《信息安全技术　个人信息安全规范》，替代GB/T 35273-2017，并于2020年10月1日实施，这两种标准在个人数据分类上相同。《信息安全技术　个人信息安全规范》将个人数据分为三类：第一类是可识别的数据，即个人数据控制者能够从所持数据中识别出特定个人数据主体；第二类是不可识别的数据，即个人数据控制者无法从所持数据中识别出特定个人数据主体，但是这类数据能够支撑个人数据控制者与特定个人数据主体开展互动；第三类是匿名化数据，即将第一类、第二类的数据进行技术处理，使个人数据控制者无法识别出特定个人数据主体，也无法与特定个人数据主体开展互动，故不属于个人数据，也就不受个人数据保护法律的管辖。因此，个人数据实则可以分为个人信息数据和非个人信息数据。[1]《信息安全技术　个人信息安全规范》"附录A"说明，个人信息是指以电子或者其他方式记录的能够单独或者与其他信息结合识别特定自

---

[1] Greenleaf G, Livingston S. China's Personal Information Standard: The Long March to a Privacy Law[J]. Social Science Electronic Publishing, 2017（12）.

然人身份或者反映特定自然人活动情况的各种信息，如姓名、出生日期、身份证件号码、个人生物识别信息等。判定某项信息是否属于个人信息，应考虑以下两条路径：一是识别，即从信息到个人，由信息本身的特殊性识别出特定自然人，个人信息有助于识别出特定个人；二是关联，即从个人到信息，如已知特定自然人，由该特定自然人在其活动中产生的信息（如个人位置信息、个人通话记录、个人浏览记录等）即为个人信息。符合以上两种情形之一的信息，均应判定为个人信息。

以上述个人数据分类方式为基础，可依据"有动机的侵入者"概念所定义的直接识别标准，区分"普通个人数据"与"敏感个人数据"。[①] 敏感个人数据指能够直接识别特定个体身份的个人数据，如姓名、身份证号、家庭住址、手机号码、银行账号、微信号、支付宝账号等；普通个人数据指难以直接识别特定个体身份的个人数据，如电商网站上购买商品的种类、购买者的性别与年龄、个人活动的大体范围（共享单车的行驶轨迹）等。个人数据权属配置的一级规则是，将普通个人数据配置给数据运营方与数据主体共有，敏感个人数据仅配置给数据主体所有，且只能交易个人数据的使用权。其中，数据运营方指个人数据的收集、存储主体。数据运营方是个人数据集束的生产者，主要包括公权主体（政府机关）和私权主体（商业公司）。数据主体指代个人数据所关涉的个体。个人数据权属配置的二级规则是，对普通个人数据集束的独占使用权设定有效期，对敏感个人数据的权属则不设使用权有效期。在独占使用权有效期届满后，普通个人数据的使用权进入公共领域，允许其他社会主体使用，以实现对普通个人数据集束的最大化利用。但是普通个人数据的所有权（含删除权）始终归属于数据业者和数据主体共有，一旦出现损害数据主体隐私权的可能性，共有人可随时行使删除权。

2020年10月，在对外经济贸易大学举办的企业数据权利研讨会上，中国信息通信研究院互联网法律研究中心主任指出，现阶段司法裁判的大方向是

---

① 黄锴. 大数据时代个人数据权属的配置规则[J]. 法学杂志，2021，42（1）：99-110.

随着产业阶段发展成熟度而加以调整的，遵循从关注保护用户，到关注保护企业权利，再到单一数据和数据集合之间的权益分配问题的发展规律，逐步走向成熟，跟上了世界发展的速度。在数据财产权属的界分方面，在现有法律法规未明确规定之前，企业为了明晰各自的权利范围、行为界限，可以根据"意思自治原则"（合同双方当事人有权自由选择处理合同争议所适用的法律原则），通过合同约定，划分彼此对于数据、信息的权利范围。

数字经济时代的核心生产要素是"数据"，这也是数字企业最重要的资产之一。数据产权的确定能够推动数据在市场中充分流动，从而带动数字经济的发展，数据确权是激发数据增长潜能和建设数据要素市场的重要前提，也是建设数字中国的基石。数据确权既要保护相关主体的个体利益，也要促进数据开发利用，保障国家层面数据安全，从而实现公共利益，同时满足数据隐私保护和数据要素高效利用两大需求。因此，数据产权不应简单配置给消费者或企业任意一方，而是要对数据进行分类讨论，将不同的数据产权差异化配置给消费者、企业，或者两者共同拥有。

🔗 知识链接 -

个人数据确权的尝试

——Personal.com

美国初创企业Personal.com是网络安全与个人数据行业的先行者之一，以其为例进行分析，旨在为数据确权提供启示与思路。

公司简介

2009年，Personal.com在美国华盛顿成立，Personal是为个人提供管理与分享自身信息的平台，满足客户管理自身家庭和工作生活的需求，旨在打造一个将应用软件和结构化用户数据连接起来的交易平台。平台与用户达成所有者数据协议（Owner Data Agreement），强调数据所有权归用户所有。

2011年，Personal.com成为第一批加入个人数据生态系统联盟（Personal Data Ecosystem Consortium）创业圈的公司之一；同年，该企业在网上发布Personal网站公测，并发布了Android应用程序。2012年，Personal.com发布了"Personal Platform"，该平台允许企业开发人员通过代码构建安全收集、存储、共享用户信息的网站或应用程序；同年，推出iOS版应用程序。

Personal.com设有依据强大数据分析形成的智能表单（Smart Forms），这些表单涉及金融、保险、健康等行业，企业可以选择用智能表单替代普通打印表单，并将其链接到电子邮件或通过社交平台共享。2014年，Personal与Fillit.com合作，通过索引、捕获与重用对应信息，可以一键生成表格，从而满足个人不愿耗时填表格，以及企业通过简化形式吸引潜在客户的需求。

2016年，Personal.com宣布退出消费者业务，专注于提高单位生产力、团队协作力和数据安全的公司业务，并将公司与产品更名为TeamData（保留Personal, Inc.的名称）。同时，TeamData发布用于办公信息管理与团队协作的新产品。2017年，digi.me并购Personal.com，其产品TeamData被剥离出来，专门为商业用户提供服务。

交易模式

Personal.com允许用户拥有、控制、获取其个人数据，即向用户提供一个在线"数据宫"（data vault），其中被划分出许多称作"精品"（gems）的小隔间，本人可以将个人数据分类存储并与他人共享。用户存储的信息经过加密，只能通过用户密码解密，且平台不会对用户输入的密码进行备份，从而保障录入信息的私密性与安全性。用户可以选择性地将其"精品"（gems）与特定人群如亲朋好友进行共享，也可以通过Gemware获取其他用户选择公开的信息库。用户可以确定谁有访问权，没有人可以在未经用户允许的情况下对其个人信息进行访问。2013年，Personal宣布上述个人信息管理服务转为付费服务。

在个人数据交易方面，Personal.com采取的是中间商的模式。Personal.com可让用户从个人数据中获益，同时收取服务费。用户可以选择将"精品"（gems）的接入权卖给商业机构，从而实现个人数据的货币化，personal.com公司从交易额中抽取10%作为自己的收益；广告商也可以通过个人共享信息为其推荐目标产品，如果用户选择购买该产品，personal也会通过提成获取收益。

企业困境

在大数据背景下，Personal.com的设计理念与发展目标是科学合理的，但不论是2016年的客户定位转变，还是2017年的并购，都无法帮助其脱离发展困境。

首先，Personal.com生于新经济的大环境下，面临众多不确定因素。创新技术的爆炸式发展及其紧密联系正在创造一种新型经济。在这种新型经济下，财富和收入分配不再是人们熟悉的钟形曲线。相反，网络经济似乎正在产生一种功率曲线分布，只有相对较少的参与者会表现出色，获得不成比例的收益。而大数据与即将到来的个人数据革命是新经济的重要组成部分。在此背景下，人们认识到互联网可能带来的危害，互联网平台对用户数据的利用可能加大贫富差距，还可能让用户数据被跟踪从而使他人获利。人们对控制数据的机构不够信任，市场交易体系不够完善，监管体制尚未建成，这都是Personal.com面临的困境。

其次，Personal.com面临行业竞争与用户观念转变的压力。广告行业施加的压力逐步加大。当下的广告行业，如脸书、谷歌，都显示出旧模式的惰性，它们从个人数据中获利，并声称通过互联网搜索而产生的信息披露是用户的自愿行为，用户可以相应地免费获取对等价值的东西。事实上，用户并不知道自己的这些信息将被如何使用，这些信息是在用户缺乏相关知识的前提下被收集的。Personal.com的出现是一场革新，它建立了一个新的竞争系统，让用户控制自己的"数据废气（data exhaust）"——网络用户点击浏览页面后所留下来能被萃取数值的踪迹，这是一件比较困难的事情。Personal.com不仅涉足广告界，还要求用户积极参与他们曾被动参与的事情——共享自己的数据。虽然这看起来是一条适宜的道路，但想要实现并不容易，需要大众转变观念。

最后，个人用户参与度不高。Personal平台的定位是让每个自然人都能控制自己的信息，但消费者很难接受以客户为中心的数据管理模型。原因可能有两个。第一，Personal的呈现形式。Personal的目标不在于服务而在于搭建平台，故而对用户来说，使用Personal可以整理信息、填写表格、分享生活、获取信息，但这些事情也可以通过其他软件完成，如推特。第二，用户很难理解Personal带来的价值。这些数据资源在价值创造方面不够直观，用户不愿意付出行动或承担交易费用，但这些数据往往至关重要，是大数据的源泉。在接受记者的采访时，Personal.com的联合创始人兼首席执行官表示："到目前为止，PDS（Personal Data Stores，个人数据存储）服务还没有提供足够的有形价值。它们提供的好处太有限了，而且大多需要完成大量工作之后才能发挥作用。"

第四章

—

数据要素交易的基石：数据定价

第一节　数据定价难题

目前，我国正在探索有效的数据价值和成本的计量方法，大部分企业的数据仍是生产经营的附加产物，很难将数据价值和成本从整体业务中剥离出来，难以通过市场直接定价。随着互联网平台经济日益发达，当下我国需进一步健全与数据定价相关的行政立法、行业标准和市场准则。

如何评价数据价值是影响数据要素市场建设的难题。考虑到数据资产在资产负债表中以无形资产的形式存在，对于数据资产定价具有借鉴意义的传统定价方式多为无形资产的定价方法。目前，比较成熟的无形资产价值评估方法主要有重置成本法、收益现值法和市场比较法。然而，数据具有非竞争性、公共品或者准公共品特性，具有复制的边际成本趋近于零、应用场景广泛等特征，是一种特殊的无形资产。因此，直接使用传统资产价值评估方法可能无法有效测度数据的真实价值。

一、重置成本法

重置成本法的理论依据是，任何一个精明的投资者在购买某项资产时，愿意支付的价钱绝对不会超过具有同等效用的全新资产的最低成本。如果该项资产的价格高于重新建造或购置全新状态的同等效用的资产的最低成本，投资者肯定不会购买这项资产，而会去新建或购置全新的资产。也就是说，待评估资产的重置成本是其价格的最大可能值。核心计算方法是在资产继续使用的前提下，从重置资产的现时成本中减去应计损耗，进而求得一个价值指标的方法。简要的计算方式如下：

评估资产现值=重置成本-累积应计损耗

其中，累积应计损耗包括有形损耗和无形损耗，而无形损耗又包括功能性损耗和经济性损耗。因此，其最后的计算公式表现如下：

评估资产现值=重置成本-有形损耗-功能性损耗-经济性损耗

该评估方法从功能性损耗和经济性损耗两方面对无形资产进行刻画，主要适用于可复制、可再生的单项资产的评估。考虑到数据的产生多依附场景，场景不同，产生的数据自然有所不同；对于同样的数据，复制的边际成本可能趋近于0，这意味着基于可复制和可再生的重置成本法对于数据资产定价存在问题。因此，该方法并非量化数据资产真实价值的有效方法。

二、收益现值法

收益现值法是一种着眼于未来的评估方法，主要考虑相应资产未来能够产生的收益和货币的时间价值。从资产购买者的角度出发，购买一项资产所付出的代价不应高于该项资产，或者具有相似风险因素的同类资产未来收益的现值。这是一种通过估算被评估资产的未来预期收益并折算成现值，进而确定被评估资产价值的资产评估方法。运用收益现值法的优势是能够估计未来的资产价值，并能合理地估计出资本成本（贴现率）。

针对数据定价，收益现值法尚不能较为合理地估计其未来价值。一方面，数据价值的挖掘需要技术支撑，而在科技飞速发展的时代，技术迭代速度太快，数据的未来价值具有技术依赖性；另一方面，数据价值的实现还与其应用场景相关，不同应用场景的收益流也存在一定的差异，而同样的数据也完全可以同时用于不同的场景实现不同的价值。此外，关于数据的资产价值的贴现率设定存在困难，贴现率的选择与收益实现的风险相关，也与数据资产持有人对于风险的偏好程度相关。数据的未来收益率具有高度不确定性，这导致确定数据资产的贴现率存在较大难度。因此，传统的收益现值法虽然可用于数据价值评估，但是不能解决数据定价的核心问题。

三、市场比较法

市场比较法是指利用参照物的交易价格及参照物的某一基本特征，直接与评估对象的同一基本特征进行比较，从而判断评估对象价值的一类方法。市场比较法是依据替代原则创立的。替代原则可以简要解释为经济主体在市场上的一切交易行为总是追求利润最大化，即以最低成本获得最大利润，因此，在选择商品时都要选择效用高且价格低的。如果效用相同，价格过高，经济主体就会敬而远之。这种经济主体的选择行为结果，在效用均等的商品之间产生替代作用，从而使具有替代关系的商品在价格上相互牵制而趋于一致。其公式的具体表现形式如下：

评估价值＝参照物成交价格×修正系数$_1$×修正系数$_2$×…×修正系数$_n$

或：

评估价值＝参照物成交价格±特征差额$_1$±特征差额$_2$±…±特征差额$_n$

进一步细分看，根据参照物以及修正系数或者特征差额的设定因素不同，市场比较法可细分为以下具体评估方法：现行市价法、功能价值类比法、价格指数法、成新率价格调整法、市价折扣法等。

应用市场比较法评估资产的前提条件是：

（1）有活跃的公开市场；

（2）公开市场上有可以比较的资产及其交易活动。

鉴于数据资产定价是一个新兴领域，找到其替代品并非一件容易的事情。即使可以找到一个较为合理的替代品，数据的交易规模和交易对象仍然存在一定的局限性，交易的公开性也有待考察。因此，运用市场比较法对数据进行定价评估无法达到较为理想的结果。计算机领域对数据集合定价的探索在一定程度上借鉴了市场比较法，在本章第四节中会作进一步介绍。

上述三种评估方法都存在各自的局限性，很难准确量化数据资产的真正价值。从理论上看，要准确评估数据的价值，需要根据数据资产所属行业特点、数据资产特征、应用环境、商业模式等多种因素进行综合分析，通过提取量化指标，建立适合不同行业、不同属性的数据资产价值评估模型（图4-1）。

图4-1　数据资产价值评估模型

同时，数据来源也会对其收费和定价方式产生影响。以政务数据为例，部分专家认为政务数据是公共资源，应该免费使用，而支持收费定价的人士则认为数据控制者花费成本、人力去获取和分析数据，应当收取一定的费用。从我国实践来看，各地政府在推动政务数据开放的过程中，对政务数据的收费定价作了一定探索，但大多表述模糊，如"保留收费权利"。因此，我国有待建立完善的数据定价机制，积极探索适合各类型、各行业、不同来源的数据的定价标准。

第二节　如何完善数据定价机制

一、内部视角

　　受数据要素的特点和实际应用的约束，实际生产中发挥作用的数据多指大数据概念下的数据。大数据具有三大基本特征：大量（Vast）、多样（Variety）、高速（Velocity），即"3V"。

　　大量是大数据最直观的特征，即表明数据容量是巨大的。提起大数据这个概念，通常具有两层含义：一是指海量的数据，通常指TB级以上的数据；二是指对大数据进行存储、计算、分析的技术。由于大数据汇集多方数据，多方数据既可能存在替代性，也可能存在互补性，且需要依托大数据技术发挥价值，所以很难确定大数据内部不同来源的数据的实际价值。

　　多样是指大数据的数据类型与数据来源具有多样性的特征。大数据通常是非结构化的数据，即各条数据记录并不一定存在相同的数据结构。由于每条数据记录都可能存在不相同的数据结构，所以在非关系型数据库、云计算等技术出现之前，大数据很难被有效开发，也就很难挖掘其价值。

　　高速是大数据的动态特征，表明大数据内容或数据记录数目的更新速度极快。互联网与物联网的出现、各种传感器的大量应用，使数据采集发生巨大突破，数据信息收集的成本也大幅下降。这种突破创造大数据，也决定大数据的更新速度。大数据实时更新，在数据交易过程中无论是选择交易实时更新数据还是历史数据，都可能造成数据缺乏实效性，这样的大数据是不完整的。因此，大数据交易更多是交易数据使用权，而非数据本身，这种使用权可以是排他的，也可以是非排他的，这些因素都会影响数据定价。

大数据的"3V"基本特征也使大数据价值具有相应的特点。

大数据价值的不确定性体现在其使用价值与主体需求两个方面。首先，大数据并不能直接使用，它的使用价值是由对大数据进行分析和挖掘之后的结果体现的。其次，由于大数据具有大容量和多样性的特征，其价值取决于使用主体的需求，大数据在特定的主体面前才具有价值，且对于不同的使用主体来说，相同数据的价值也会有所不同。

大数据价值的稀缺性源于其大容量与多样性的基本特征。大容量意味着大数据内容过于庞大，而多样性意味着内容没有单一主题及格式。提取数据价值需要依托复杂多样的基础数据，并且要经过筛选、整理、分类、分析等多重工序，最终保留的有价值的数据可能很少。单位数据所产生的有价值的信息量较小，即大数据的价值密度低。例如，网络用户的网站访问数据中，大量内容都是没有价值的。此外，大数据价值的稀缺性也指大数据来源稀缺导致的价值稀缺，因为有能力收集和存储大数据的组织机构在市场上也是有限的。

大数据价值的多样性体现在不同主体可以从大数据中各取所需。大数据具有"3V"基本特征，其价值依赖主体判断，因此大数据价值也具有多样性。在实践过程中，大数据的每个数据集内部都很可能隐藏着未被发掘的价值，这使大数据价值的量化更加困难。

大数据的多种特有属性对数据定价造成许多困难。不同数据类型在相同使用场景下的价值会有很大不同，如在推荐系统中，个人消费数据往往比个人籍贯数据更具价值。数据附着的实体不同，价值也会不同，如市场活跃用户的数据往往比同样数量的流失用户数据更具价值。数据的精度和时效性不同，价值也会不同，精度越高和发生时间越近的数据往往比精度低和时间远的数据更具价值。

二、外部视角

大数据交易的外部环境也影响其定价的可行性。定价难度主要源于大数据产品的交易环境、数据权属和数据安全性保护等方面。

目前的大数据交易市场是卖方主导市场，市场中的数据价值缺乏科学合理的评估。就大数据交易而言，数据在加工使用的不同环节进行交易，其价值实现的模式存在较大差异，这使大数据存在个性化的定价特点。考虑更深层次的因素，大数据的个性化特征凸显了市场中数据标准化程度低、流通的数据格式多样且复杂、信息不对称等问题，这都对大数据资产合理定价造成一定的困难。

大数据作为有价值的无形资产，其开发成本较高，产权界定较为模糊。当前，数据已经脱离原有属性，逐渐演变成一种可交易商品，具有价值与使用价值，数据权属的确定将直接影响数据背后的利益分配。然而，目前法律对于数据权属的界定尚不明晰，也缺乏对数据交易活动的完善规制与保障。

大数据安全虽然继承传统数据安全保密性、完整性和可用性三个特性，但也有其特殊性。例如，大数据"大量"的基本特征使其面临巨大的存储管理风险。存储平台上，各种类型、各种结构的数据非线性增长，势必会引发多种应用进程并发且频繁无序地运行，极易造成数据存储错位和数据管理混乱，为大数据存储和后期的处理带来安全隐患。此外，大数据还面临信息泄露、个人隐私保护、跨境流动等问题。这些安全问题不仅与维护数据安全的成本有关，还涉及数据的权属问题，进而使大数据定价更加困难。

综上所述，因为数据的内外部原因，传统的定价方法失效。无论是传统商品定价常用的边际效用定价、成本加成定价，还是证券资产的现金流贴现定价模式，都很难直接应用于数据资产定价，对于数据定价的借鉴意义不大。数据定价与传统意义上的产品定价有所不同，面临独特的挑战。

第三节 数据定价的主流方式

目前，学界关于数据定价的分析有两大方向：一是按数据分类定价，二是按数据使用权买卖程度定价。大数据产品分类是大数据产品交易定价的基础难点。数据分类定价，一般按照政府公共信息数据、企业运营数据和个人数据定价，三种数据定价方式都无法离开对数据经济价值的考量。相比较而言，公共信息数据和个人数据需要考虑更多问题，公共信息数据产品更多从社会角度考虑其价值的影响因素，个人数据则需要考虑个人隐私权的保护。

公共信息数据方面，我国相关政策文件正在积极推动公共数据开放。《中华人民共和国网络安全法》第十八条规定：国家鼓励开发网络数据安全保护和利用技术，促进公共数据资源开放，推动技术创新和经济社会发展。2015年8月，国务院印发《促进大数据发展行动纲要》，提出稳步推动公共数据资源开放。2016年9月，国务院发布的《政务信息资源共享管理暂行办法》对政务信息资源的共享和无偿使用作出规定。对比各国公共信息资源的定价策略可知，影响公共信息资源供给定价的五个主要因素是公共信息资源获取目的、公共信息资源价值测算、公共信息资源的信息成本核算与融资方式、信息市场竞争和社会信息公平[①]。而公共信息数据的定价方式会影响企业的经营，例如，公共部门地理信息数据的定价与企业的销售增长密切相关，地理信息的

---

① 黄萃，夏义堃. 公共信息定价策略及影响因素分析[J]. 图书情报知识，2014（4）：26-33.

边际成本尤其影响中小企业依据地理信息的运用和实际经营[①]。

我国政府机关是数据资源的最大拥有者和生产者，而对于政务数据信息，我国基本以边际成本定价为主要模式，政府收取的是政府大数据再生产和流通所需的成本。具体而言，行政机关对于非主动公开信息以外的政府公开信息的申请人，可以收取检索费、复制费、邮寄费等[②]。

基础数据是指政府的公共事务产生的政务数据。对基础数据进行整合，建立一个数据系统，并对其进行进一步的编辑、处理和加工，这类信息产品为非基础信息。对于非基础信息，主要有两种定价方式：一是对个性化信息服务采取成本回收定价方式，这是指政府可以对个性化信息服务按照服务工作量大小和难易程度来计算成本；二是对商业性开发信息采取市场化定价方式，对于政务信息具有增值空间和市场开发前景的部分，按照信息采集和生产的基础费用和信息产品盈利抽成两部分来定价。

企业运营数据是企业在生产、经营、管理过程中生成并控制的、不涉及个人信息和公共利益的业务数据。企业数据一般被企业实际管理、控制，但是在使用中往往被公开，因此不完全属于商业秘密范畴。企业可利用内部数据同时融合外部数据进行计算分析，支撑企业智能决策，促进创新，具有明显的经济价值。

个人数据即个人提供的信息、个人原创内容、个人行为产生的数据，或者被政府、企业、医院和研究机构收集的与个人直接相关的数据，个人数据产品具有价值、使用价值和交换价值。[③]基于广告商目的（增加用户购买、提高品牌知名度和接触潜在用户），影响用户个人数据价值的最主要因素是用

[①] Koski H. Does marginal cost pricing of public sector information spur firm growth?[R]. ETLA Discussion Papers，2011.

[②] 陈建华. 中国政府信息公开收费制度的实践困境及创新路径研究——基于国外的经验[J]. 经济与管理研究，2014（09）：84-91

[③] 谢楚鹏，温孚江. 大数据背景下个人数据权与数据的商品化[J]. 电子商务，2015（10）：32-34，42.

户的私人网页访问记录，尤其是有指向性内容的访问数据。[①]有学者通过改造BDM机制（一种市场拍卖方式），对个人数据作为拍卖商品时，竞标者愿意出售其个人数据的最低价格进行研究。研究结果表明，在445位参与实验的用户当中，85%的用户愿意出售其个人数据来获取收益。个人偏好数据、联系资料数据、组合数据、新浪微博账户数据和新浪微博历史数据的平均出售价格分别为38.8元、136.9元、237.9元、221.8元和231.4元。[②]

对于个人隐私数据而言，成本法适用于对个人数据的隐私补偿定价。[③]对美国、德国、墨西哥、巴西、哥伦比亚和阿根廷六个国家的民众，关于"如何评估其私人隐私数据值多少钱"的调查发现，美国用户希望脸书每月支付3.5美元作为泄露个人隐私信息的补偿，德国用户要求每月约8美元的隐私补偿。调查显示，人们普遍认为银行余额等金融信息和指纹数据等生物特征信息价值最高，如对银行余额信息要求每月支付8.44美元，对指纹信息支付7.56美元；而对于个人位置数据信息，人们要求的隐私补偿较低，平台每月仅需支付1.82美元。

将数据分为公共信息数据、企业运营数据和个人数据，这种分类方式会影响数据定价机制。按产权占有程度分类时，大数据产品价格受到数据使用权买卖程度的影响，即买方获得的数据所有权、使用权和收益权的程度越高，所需支付的价格就越高。[④]

关于数据定价，目前尚无标准化模型，学界更多是提供定价的方向性指

---

① Olejnik, L., T. Minh-Dung, C. Castelluccia. Selling off privacy at auction[Z]. CITI Centre of Innovation in Telecommunications and Integration of services, Working paper.

② 臧国全，张凯亮，闫励.个人数据价值计量研究——基于改造的BDM机制[J]. 图书情报工作，2020，64（07）：103-109.

③ 臧国全，张凯亮，闫励.个人数据价值计量研究——基于改造的BDM机制[J]. 图书情报工作，2020，64（7）：103-109.

④ 吴江. 数据交易机制初探——新制度经济学的视角[J]. 天津商业大学学报，2015，35（3）：3-8，20.

导和具有可操作性的定价策略。

以数据资产成本和应用作为数据资产价值的主要影响因素构建的数据资产价值评估模型，可引入层次分析模型构建指标评价体系，并利用层次分析法软件计算数据资产各项评估指标权重，建立基于成本和应用考虑的数据资产价值评估模型，并将该模型应用于具体的数据资产价值评估。[①]

从价格价值、功能价值、竞争价值、情感价值和社会价值五个维度构建基于客户感知价值的数据产品定价机制。客户感知价值（Customer Perceived Value，CPV）是指顾客对产品的感知效用收益和其为获取产品所支出的各项成本进行比较后的总体价值评价。该定价模型通过测算模拟案例，发现情感价值权重最高。情感价值是数据供应方和需求方在平台进行撮合的感受和情感状态中所得到的效用，因此数据定价更应关注个性化需求。[②]

为促使数据购买方发现并公布自身的现实偏好，从而降低双向不确定性，经济学界的学者多从机制设计角度展开探讨，如卖方基于显示机理将数据分阶段销售，以此实现最优定价[③]，或者在数据包交易前设计统计实验组合以减少双向不确定性[④]。目前，大数据产品的定价模型主要有基于经济理论的定价模型和基于博弈理论的定价模型。其中，基于经济理论的定价模型包括成本模型、消费者感知价值、供应模型、需求模型、差异化价格和动态定价，基于博弈理论的定价模型包括非合作博弈、讨价还价博弈和斯塔克尔伯格博

① 张志刚，杨栋枢，吴红侠. 数据资产价值评估模型研究与应用[J]. 现代电子技术，2015，38（20）：44-47，51.

② 熊励，刘明明，许肇然. 关于我国数据产品定价机制研究——基于客户感知价值理论的分析[J]. 价格理论与实践，2018（4）：147-150.

③ Moshe Babaioff, Michal Feldman, Noam Nisan, et al. Combinatorial agency[J]. Journal of Economic Theory, 2012, 147（3）.

④ Dirk Bergemann, Alessandro Bonatti, Alex Smolin. The Design and Price of Information[J]. American Economic Review, 2018, 108（1）.

弈。[1] 用户的个人信息交易可应用"交易性"隐私机制，用户决定自己的个人信息如何发布并出售，同时获得收益，并通过无限制供应拍卖的真实性和效率确保交易中各方的利益一致。[2]

计算机领域的学者多从寻找定价参考系的角度出发。例如，"基于查询的定价"框架，[3] 在保护卖家收入的前提下，使用一般数据查询的无套利定价函数[4]，基于元组粒度的数据定价方式[5]，以及基于生命周期的数据库产品动态定价模式，将产品的生命周期分为引入期、成长期、成熟期和衰退期，依据不同周期的产品特点设定不同的价格函数以达到动态定价的目的。

鉴于数据价值的实现依赖场景，学界也有基于捆绑定价的研究。由于信息产品的边际成本很低，信息产品卖家使用捆绑和版本控制策略获利，不同抽象程度和复杂程度信息产品的定价方式不同。[6] 信息产品卖家采用信息产品捆绑定价，即将两种或两种以上的相关产品捆绑打包出售来制定一个合理的价格，最优定价取决于捆绑产品的最大效用。[7]

---

[1] Liang Fang, Wei Yu, Dou An, et al. A survey on big data market: Pricing, trading and protection[J]. IEEE Access, 2018 (6): 15132-15154.

[2] Riederer, C., Erramilli V., Chaintreau A., et al. For sale your data by you[C]. In Proceedings of the 10th ACM WORKSHOP on Hot Topics in Networks, 2011: 1-6.

[3] Paraschos, Koutris, Prasang Upadhyaya, Magdalena Balazinska, et al. Toward practical query pricing with Query Market[C]. Management of Data, 2013: 613-624

[4] J. Lin, B. Liu,, N. Sadeh, et al. Modeling users' mobile app privacy preferences: Restoring usability in a sea of permission settings[J]. In 10th Symposium On Usable Privacy and Security, 2014: 199-212.

[5] Balazinska M., Howe B., Suciu. D. Data markets in the cloud: An opportunity for the database community[J]. Proceedings of the VLDB Endowment, 2011, 4 (12), 1482-1485.

[6] Viswanathan S, Anandalingam G. Pricing strategies for information goods[J]. Sadhana, 2005, 30 (2): 257-274.

[7] Chang W L, Yuan S T. A Markov-based collaborative pricing system for information goods bundling[J]. Expert Systems with Applications, 2009, 36 (2): 1660-1674.

⊘ 知识链接 -

个人数据银行[①]

个人数据银行是基于银行个人货币资产的管理与运营模式，以保护用户个人数据的所有权、知情权、隐私权和收益权为核心，建立的个人大数据资产管理与运营综合服务系统，包括数据确权、汇聚、管理、交易与增值服务等功能。

个人数据银行是一套个人大数据领域的完整商业模式，包括数据采集与存放、存储与管理、清洗、可视化分析挖掘、数据的计量、计价与评估处理、市场推销与运营、数据溯源与确权、数据分销与交易、分成结算与服务系统、数据版权与信息安全保护等功能，为各种商品交易、服务交易和互联网金融业务提供数据支撑，形成一个完善的个人大数据生态系统。个人数据银行主要由增值业务、数据管理、数据众筹和基础服务四大模块组成，如下图所示：

与现有的数据集市、数据交易所等模式相比，个人数据银行是一种尝试解决个人数据流通问题的新模式，具有较大可行性，可实现以下目标。

（1）在个人数据产权和隐私保护的前提下，所有权和使用权可分离，个人让渡数据的使用权，即产权"换"使用权，为有序的个人数据社会化流通提供重要基础。

（2）实现个人数据的产权化、资产化、商品化、集中化、服务化、专业化和收益化，实现个人数据量化有用、授权访问且有序流通，降低个人数据的交易成本，优化数据资源配置，也利于加强个人隐私保护和国家网络空间信息安全。

---

① 郭兵，李强，段旭良等. 个人数据银行——一种基于银行架构的个人大数据资产管理与增值服务的新模式[J]. 计算机学报，2017，40（1）：126-143.

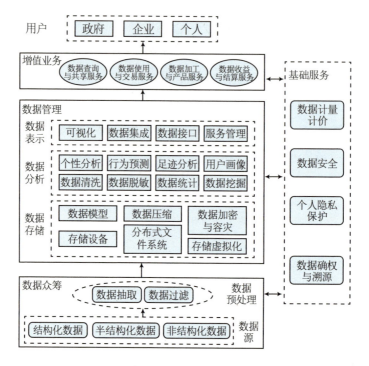

个人数据银行架构

实践案例：数汇宝平台

2014年12月20日，成都数银科技有限公司和四川大学嵌入式系统研发与测试实验室基于个人数据银行模式与架构，合作推出个人数据银行平台产品——数汇宝平台。数汇宝平台开通试运行5个月，注册用户数量突破100万，有效数据达200万条以上，数据交易成交量达到50万条，单次数据服务交易的平均响应时间为50毫秒。

通过数汇宝平台，个人数据资产能够实现集中管理与协同服务、有偿合理地提供给第三方使用和开发行业应用服务，形成数据到业务的闭环。数汇宝基于英国标准协会（BSI）BS 10012：2009 PIMS标准，对个人生活数据实行全面集中管理，包括个人财产信息、个人收支信息、个人健康信息、个人教育信息、个人朋友圈信息、个人日志信息和个人数据保险箱等七类数据。

数汇宝的数据来源主要有三种：用户个人提交，企业、政府等机构之间的数据共享与互换，以及健康监测手环等可穿戴设备的传感器读取。从第三方获取数据后，数汇宝通过个人数据与集中管理平台汇聚和存放个人数据。随后，数汇宝通过其后端云平台，进一步对汇聚的个人数据进行存储与监管、清洗、可视化分析与挖掘、计量计价与评估、市场推广与交易、溯源与确权、收益分成与结算、隐私与信息安全保护等。如下图所示：

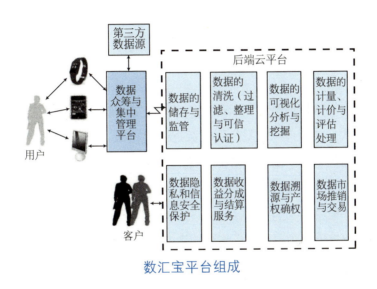

数汇宝平台组成

数汇宝平台是个人数据银行的一次重要实践，该平台在明确个人数据产权等权益的基础上，作为第三方中介平台开展个人数据资产的信托管理与增值服务。在个人数据的计量与计价方面，数汇宝平台采用"正向定级，反向定价"策略，以数据记录和数据包的形式实现数据的定价。数汇宝平台高效处理多源异构的个人数据，构造出用户画像模型、用户价值模型、用户流失预警模型等，可帮助平台对用户进行实时动态管理，进一步提高平台服务质量。

第四节　数据定价策略

一、协商定价策略

协商定价是数据拥有者和数据购买者通过协商的方式对价格达成统一意见的定价模式，是目前应用最广泛的数据定价方法。协商定价发生在交易双方对数据价值评估不一致的情形下，由数据交易平台第三方撮合，使数据拥有者和数据购买者反复报价协商，最终达成对数据商品价值的一致认可。这种定价模式一般发生在特定的买家和卖家之间，双方目的性较强，数据针对性较强。协商定价可为双方提供更多的沟通机会，提高成交率（图4-2）。

图4-2　协商定价策略

中国贵阳大数据交易所使用的数据定价方式之一就是协商定价。贵阳大数据交易所面向全国提供数据交易服务，主要的交易形式是电子交易。在实际操作中，数据的价格由买卖双方协商制定，贵阳大数据交易所作为第三方平台撮合定价，数据内容和交易价格会在平台的网站挂出，买方在平台拍下数据并付款即为交易成功。

二、拍卖定价策略

大数据价值的不确定性，给大数据定价造成极大困难。如果某类数据商品不能被大范围复制式传播，只能将其所有权转移到一位或少数几位买家手中。同时，为了兼顾市场原则，采用拍卖定价可以更好地保证卖家的利益。

在拍卖规则设计方面，需关注两点。一是可以采取多种拍卖形式，如买方竞拍、反向竞拍，也可以二者结合使用，还可以使用密封式二级价格拍卖（使用保密的方式来竞标，报价最高者中标，成交价格是第二高价者的报价）。密封式二级价格拍卖中的成交价格低于中标者报出的价格，避免了一级价格歧视，能较好地解决信息不对称的问题。二是采用分期拍卖，如果大数据的拍卖不是一次性交易，则可以保证双方对大数据的价值有越来越清晰的认识，使大数据定价更加公平合理。

以买方竞拍为例。假设市场上有许多购买者需要购买大数据A，并且每个购买者有独占大数据的需要（只能卖给一个购买者），那么市场上购买者报出的最高价则为大数据A的最终价格，且大数据归其拍得。若出现无人购买的情况，则表明购买者对此大数据的效用信心较低，卖方拍卖的起价过高，需要重新设立拍卖起价。

拍卖定价策略常见于大型企业，这种数据交易通常约定一次性买断所有权，大型企业更有意愿和能力来保证对数据的独占性，从而保护自身的利益。例如，上海数据交易中心采取股东会员制，只有股东才能参与数据拍卖。同时，上海数据交易中心采用数据供应方密封递价进行竞价的方式，需求方择优选择之后，生成数据商品订单，随后进入数据配送环节。这种以密封递价的方式来进行竞争性拍卖能够保证利润最大化。

三、基于反馈的定价策略

目前，国内外主要大数据交易平台一般对数据集采取基于反馈的定价策略。由于大数据更新速度非常快，传统的协商或拍卖的定价策略难以适应大数据高速的特征。因此，有学者提出基于反馈的定价策略，并对此进行优化。

基于反馈的定价策略综合考量数据供应方的成本，以及数据本身的质量与价值，结合市场对数据资源的反馈情况，通过数据供应方、第三方专家和数据需求方三方对数据成本、质量、效用的评估，对数据资源进行合理定价。

以贵阳大数据交易所公开的反馈定价策略为例，数据资源的基本定价公式为：

数据资源产权价值=数据资源成本值+数据质量评估值+数据效用值

数据资源成本值为数据供应商的数据生产成本，包括人力成本、计算成本、存储成本。

数据质量评估值为第三方专家对数据质量的评估值（E_d），包括数据的稀缺性、完整性、保密级别、数据量、时效性、一致性和可替代性七个维度，若有e_d位专家对数据集d进行评估，V_{nd}为第n位专家对数据集d的评价得分，则评分公式为：

$$E_d = \frac{1}{e_d}\sum_{n=1}^{e_d} V_{nd}$$

E_d的值在0~100分之间，E_d值越大则表明被评估数据集的价值越大。

数据效用值为数据需求市场对数据的反馈结果，包括数据效用指数、行情影响指数、数据质量影响指数、订单交易指数等，该评估值使用真实交易信息作为数据效用的代理变量，将市场数据反馈到数据效用值中，进而对数据资源进行评估。

整体定价策略如图4-3所示。

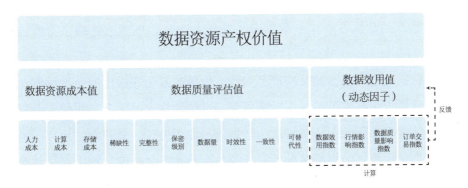

图4-3　基于反馈的定价策略

不过，贵阳大数据交易所构建的反馈定价策略在实际应用中存在以下问题。

第一，数据成本值无法精准计算。在实际生活中，数据的原始生产和获取都需要成本，但购买者可以将数据进行二次交易，由于数据的非排他性，二次交易的数据边际成本较低。同时，数据交易过程中需要解决隐私问题，存在数据的保护成本。

第二，部分参数难以量化，尤其体现在"数据质量评估值"方面。"数据质量评估值"具有强烈的主观性。一方面，基于第三方专家评分对其评估结果进行简单的平均计算处理，难以体现第三方专家的差异性；另一方面，就数据的真实质量而言，第三方专家不可能比实际参与数据交易的双方更了解数据的价值。

第三，整体的定价方程设计过于理想。一方面，这种定价方式基于数据出售方应当获取所有剩余价值的定价思路，但实际上数据只有与数据买方的特定场景结合才能发挥特定价值，因此，数据买方应当分享数据创造的部分剩余价值；另一方面，在实际生活中，影响数据定价的因素有很多，难以通过某一特定模型确切地表达其内在逻辑关系。虽然该模型在理论层面作出一些富有价值的探讨，但实际应用中仍然需要不断修正及更新。

为解决上述问题，可在实践中将数据产品标准化，引入市场的力量，通过数据购买方和数据出售方的多期反馈形成对数据真实价值的共识，并根据数据产品购买方应用于数据产品的能力，对数据创造的剩余价值进行切分。

以蚁盾风险大脑智能风控产品为例。作为蚂蚁金服推出的一款反欺诈产品，蚁盾风险大脑提供了基于反馈机制标准化数据产品服务。蚂蚁金服将阿里和支付宝生态圈的用户交易行为数据进行加工处理，最终形成用户风险度分析结果，并将之出售给有相关需求的数据购买方。标准化数据产品具有两方面的功能。

一方面，标准化数据产品可以为被评估用户提供信誉资产积累，并应用于担保机制。蚂蚁智能风控的标准化数据产品，即通过数据分析对用户风险行为进行评估，并以此作为被评估用户的信誉背书，适用于授信贷款等多种场景。这种标准化数据产品已经构成信誉担保机制，即蚂蚁金服以自身的风险控制能力作为信誉担保。如果被评估客户出现大面积超过蚂蚁金服预测的欺诈违约行为，蚂蚁智能风控的声誉将遭受重大打击，蚂蚁智能风控产品的市场需求将大幅萎缩甚至消失。

另一方面，标准化数据产品具有价格发现功能。数据需求方购买数据，是为了获取原始数据背后所蕴含的规律信息。对原始数据进行加工处理所形成的标准化数据产品，就是针对客户需求的精准投放。而有数据需求的客户自然对该产品有一个心理价位，并且数据供给方也会根据数据生产成本确定产品价格底线。蚂蚁智能风控产品并未采用明码标价的方式，而是双方磋商形成最终的协议价格，这有利于发现数据产品的内在价格。在实际定价方案中，蚂蚁金服按年度向合作银行收取基础的系统维护费用，同时，根据合作银行基于智能风控产品的实际放贷绩效情况按比例参与分成，从而实现数据创造的剩余价值在数据购买方和数据供给方之间的合理分配（图4-4）。

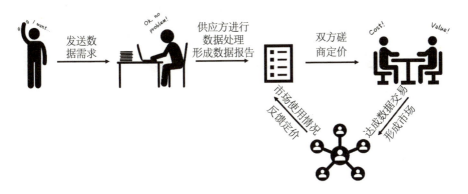

图4-4　蚂蚁智能风控产品交易定价机制

四、基于数据元组的定价策略

计算机领域关于数据集定价的代表性模型是"基于查询的定价"，允许卖方指定一些视图[①]的价格，而买方根据自身需要在数据库中任意查询从而购买需要的数据，定价模型自动通过指定视图的价格生成其他任意视图的价格。[②]

但无论是基于反馈的定价机制，还是基于查询的定价机制，都只是针对数据集的定价，无法对数据集中的明细数据进行定价。对于数据交易平台而言，既需要将数据集出让给有数据终端需求的一方，又需要支付必要的价格购买具体的明细数据。

针对数据集的明细数据定价，一般可以采取"基于元组的定价模型"。元组是数据库中的基本概念，表中的每行数据就是一个元组。而在交易数据集时，每条交易数据就被称为数据元组。基于元组的定价模型是对每条交易数

---

① 视图是指计算机数据库中的视图，是一个虚拟表，其内容由查询定义。同真实的表一样，视图包含一系列带有名称的列和行数据。

② Paraschos Koutris, Prasang Upadhyaya, Magdalena Balazinska, et al. Toward practical query pricing with Query Market[C]. Management of Data, 2013：613-624.

据进行定价，而交易数据（元组）所包含的信息量大小往往是不相同的。

为解决上述问题，可在元组结构上设定数据价格，并利用公共数据库中数据的顺序，在满足"包含多个元组的数据集价格就是各个元组单一价格之和"的前提条件下，构建了一个元组的定价函数，[①]具体如下：

$$f : D \rightarrow R^+$$

其中 f 为价格函数，D 为数据集，R^+ 为数据价格，包含多个元组的数据集价格就是各个元组单一价格之和。

每个数据元组的准确价格都是根据数据属性因素和数据集的整体价格进行计算的，数据元组的定价模型的属性因素选择一般在参考公认的标准基础上进行调整，一般可以选取信息熵、数据引用指数、数据涉及的隐私程度、数据的获取成本等影响因素进行定价。具体的计算过程如下：

（1）假设 P_D 为数据集的需求价格，C 为收集、分析数据以及运行数据交易平台的花费，数据集的供给价格为 P_S，则：

$$P_S = P_D - C$$

（2）假定属性因素包括W因素（w）、Q因素（q）、R因素（r），系数分别为 α、β、γ，三个因素的权重总和为1，即满足如下约束条件：

$$\alpha + \beta + \gamma = 1$$

（3）P_i 为数据集中第 i 个数据元组的价格，其计算公式为：

$$P_i = P_s \left(\frac{w_i}{w} \alpha + \frac{q_i}{q} \beta + \frac{r_i}{r} \gamma \right)$$

其中：q_i、w_i、r_i 分别对应第 i 个数据元组的W、Q、R，并满足如下关系：

$$\sum_{i=1}^{n} \frac{q_i}{q} = 1$$

$$\sum_{i=1}^{n} \frac{w_i}{w} = 1$$

---

① Balazinska M., Howe B., Suciu D. Data markets in the cloud: An opportunity for the database community[J]. Proceedings of the VLDB Endowment, 2011, 4（12）, 1482-1485.

$$\sum_{i=1}^{n} \frac{r_i}{r} = 1$$

基于数据元组的定价策略的优势是将每条交易数据的价格进行公式化的表达，从技术上表示数据元组具有一定的价值。但在现实中，数据属性因素无法穷尽，在相关属性的选取、量化设定和权重设计方面具有一定人为性，基于数据元组的定价策略仅可在一定程度上表征数据价格，但是现实当中真实的明细数据价格仍需要进一步探究。而这种研究对于建立针对个人数据信息的补偿机制至关重要。

五、数据定价的其他市场实践

从实践来看，数据的定价方式有如下几种：按照数据资产成本和市场定价、按照查询次数定价、将数据与其他服务绑定进行定价（如以技术服务费、系统维护费等方式收费），以及根据分享数据投入生产后带来的利润定价等。

2021年，中国南方电网有限责任公司（简称南方电网）发布《中国南方电网有限责任公司数据资产定价方法（试行）》，这是中国能源行业央企首个数据资产定价方法。南方电网创新提出组合式的电力数据价值评估方法：以成本定价法为基础，综合考虑时间等影响数据价值实现的因素和市场供求因素，对数据资产定价进行修正。同时，南方电网基于传统定价方法，考虑数据资产的特殊性，列明数据资产的总成本及其构成项，给出数据资产在采集检验、分析挖掘、转移交换等各阶段产生的直接成本和间接成本的计算方法，为数据资产成本计量奠定了基础。

按查询次数定价的方式在使用API方式进行数据交易的平台较为常见。例如，聚合数据是中国国内数据API提供商，实行VIP会员制，是按次计价的典型案例。聚合数据普通会员拥有10个免费类数据接口，每天可调用免费类数据的上限为1000次。黑钻会员和黑钻PLUS会员则没有免费类数据在调用量和次数方面的限制，并且能够在20个付费类接口中任选3种无限次使用，在其他业务上也有会员优惠折扣服务。我国以政府为主导的征信体系也使用查询次数定价法，根据征信机构运营成本以及征信查询总次数的预测，确定单笔查询的定价，从而实现数据查询服务的价格足以覆盖数据运营的成本支出。

由于数字产品的低复制成本和买方异质性，数据产品中捆绑销售的方式也很普遍，数据服务商将数据与其他商品或服务进行捆绑和搭售，从而实现数据定价。例如，中国云计算、大数据服务商浪潮，曾经捆绑推出与其业务主机系统天梭K1相配套的数据库系统Inspur K-DB。在依据数据产品收益进行定价方面，针对用于广告精准推送的消费者行为数据，可以根据广告的收益和成本进行线性定价，从而获取最大收入。①

对于企业间的数据交易，可以从合作博弈的角度入手，以非市场化定价方法进行数据共享，实现彼此利益的"双赢"。企业间的"数据共享"是指生成或储存数据的企业将自身掌握的数据提供给其他企业使用。企业在进行数据共享时可以根据自身的商业战略，确定共享的数据范围和数据量，也可以适当收取一定费用，并且保留数据共享对象和数据使用场景的最终自主权和控制权。《欧洲企业间数据共享研究报告》将欧洲经济区企业间数据共享的商业模式分为以下五种。

第一，针对单个行业企业的数据共享模式主要是数据货币化。数据货币化是指特定企业在获取个人同意的前提下，有偿向其他企业提供数据并获取收益的行为。

第二，针对第三方中介的数据共享模式主要是建立数据市场。数据交易中心或者云技术软件服务平台等机构，成为数据共享的第三方中介机构，建立起安全可靠的在线平台，对数据供需双方进行撮合交易，并提供数据储存、整合、交换等一系列服务，而平台收取促成交易的中介费用。

第三，针对同行业多个企业的数据共享模式主要是建立行业数据平台。

---

① Bergemann D, Bonatti A. Selling cookies[J]. American Economic Journal：Microeconomics，2015，7（3）：259-94.

这种行业数据平台是封闭性的安全、专属平台，行业内的企业以自愿原则加入平台成为会员。行业数据平台的数据共享采用免费或者收费方式，其主要目的是促进行业内企业间数据共享，推动产品和服务的研发，提升会员企业的运营能力。

第四，技术类企业为数据共享提供技术服务，以促进数据共享的实现。此类企业专门为促进数据共享提供相关技术解决方案，通过设置、实施和维护解决方案，实现赢利的目的，而非数据交易。

第五，企业采用在企业间开放数据的策略来实现数据共享。能源类企业多使用这种数据共享模式，因其在法律上有向第三方提供数据的义务。通常情况下，这类企业免费向用户共享自身数据，有时要求数据使用方支付适当费用以覆盖数据供给的成本。

在数据交易过程中，不同的交易模式也存在不同的数据定价方式。

以标准化商业数据作为主要交易产品的商业平台，如京东万象、聚合数据等，已建立涵盖地理、金融、人口等多方位数据的"数据超市"，供多个数据需求方直接挑选。这类数据交易模式采用公开标价的方式，由数据提供方单方面确定数据价格，不存在议价空间。例如，京东万象数据超市，数据提供方需要填写《京东万象平台入驻协议》，并在京东云上进行注册与企业认证。

能够提供企业定制化服务的商业平台，如以八爪鱼为代表的数据交易平台，以及以数据堂为代表的服务平台，则不对数据本身进行计价，而是对提供给企业的定制化服务进行计价。例如，八爪鱼会根据客户需求，提供相关网页信息搜索服务，并对这类数据进行商业分析的服务，如评论分析、引流效果分析、产品关注度分析、用户关注点分析、潜在竞品分析等。

第五章

—

数据要素交易的保障：数据治理

第一节　数据标准化和质量治理

为保障数据要素的有序流通，需要注意三个关键治理环节：数据标准化和质量管理、数据可信流通和共享，以及数据安全和监管。其中，在数据交易前，对数据的标准化和质量管理，有助于提高数据交易的成功率，保障数据在生产经营中发挥价值。数据可信流通和共享促使低价值量或者不具备单独价值的数据汇集到一起构成数据集，为发挥大数据意义上数据价值提供重要支撑。数据安全和监管则是上述各环节有效执行的根本保障，为我国数据治理体系整体建设提供法律依据和监管规范。

从宏观视角看，数据的整合普遍面临多源、异构、非标准化、非结构化等问题，难以建立统一的数据交易市场，充分挖掘数据价值的难度很大。随着我国经济社会数字化转型的逐步推进，文本、音视频、日志等半结构化和非结构化数据成为大数据的主要组成部分，被各类企业和机构大量收集，但在使用上却仍存在低效率问题。数据标准化是进行数据交易和数据共享的首要前提，各行各业的经验表明，参与方只有在共同的标准下活动，才可能实现经营互动。

目前，国际电信联盟电信标准分局（ITU-T）已出台《大数据—数据交换框架与需求》[①]等数据标准框架。在我国，《数字中国建设整体布局规划》

[①] ITU-T. Big data-framework and requirements for data exchange：ITU-T Y. 3601：2018 [M]. Geneva：Telecommunication Standardization Sector of ITU，2018.

指出，构建技术标准体系，编制数字化标准工作指南，加快制定、修订各行业数字化转型、产业交叉融合发展等应用标准，是优化数字化发展环境的重要举措。"数据二十条"也提出要加强数据要素流通和交易的制度设计，建立数据流通准入标准，开展数据质量标准化体系建设。数据质量关系着数据分析结果的准确性，会对企业管理和生产经营活动产生重大影响，低质量的数据往往缺乏商业价值，不利于建立双方可信的数据交易市场。我国数据质量治理体系的构建处于起步阶段，用户出于自身隐私安全的考虑，大多隐瞒自己的真实情况，因此数据精度难以保证。同时，大量无效数据带来繁重的数据筛选工作，导致难以完整抓取目标数据，数据一致性和时效性也受到影响。

为推动当下数据质量治理的进程，打好数据交易基础，需从事前、事中和事后三个维度采取措施，落实相关体系建设，改善数据处理环节，做好监督工作。

第一，加强数据标准体系建设和应用示范。结合国际数据标准治理体系，建立协调统一、布局完善的标准框架。随着数字技术的不断进步和业务形态的不断演变，数据标准也需要紧跟发展、不断推新，从而满足业务要求。同时，应加强重点区域和行业的数据标准应用示范，并围绕相关应用环节建立测试评价机制，发掘现实治理需求。

第二，明确安排数据比对、标记和删除等环节。为提升数据质量，需要通过相应的控制活动对数据收集、处理和使用等环节进行约束。在明确所属的数据类型的基础上，比对数据和删除偏离数据，从而提高数据收集的精度。同时，使用新型技术加快数据分析速度，挖掘数据内在价值并保证数据时效性。

第三，落实完善事后数据质量修复工作。某些特别交易或事项产生的数据可能具有不可替代的商业价值，数据质量治理的目的不是删除或禁用一切存在质量问题的数据，也不是寻找问题所在，而是通过建立蕴含现代化技术的数据质量修复程序，为企业创新提供更大的支撑。

第二节　数据可信流通和共享

数据流通大致可以分为两个阶段：一是初次交易流通，指数据在生产者和使用者之间的流通，主要涉及数据确权、数据质量管理和数据初次定价三项重点；二是事后交易流通，指数据在多个使用者之间的流通，也是本节重点分析的流通类型。

传统生产要素的流通过程往往不限于两个交易主体和一次交易，大多数生产要素在市场上的交易流通是频繁的，涉及的交易主体是多元的。因此，实现数据要素的初次交易后，如何进一步促进其在数据使用者之间的可信流通，成为构建数据要素市场亟须解决的重点问题。由于合规风险较大，许多企业或第三方数据开发者不得不缩减相关交易规模，所以进行合法交易的数据流通市场难以做大，而非法数据交易现象时有发生。加之传统的商品流通技术难以支撑交易双方建立数据事后交易的信任机制，难以保障数据商品化卖方利益，数据要素在使用者之间的可信流通受到阻碍。

为此，实践领域一直在探索新技术、新模式，联邦学习和安全多方计算（MPC）是当前跨机构数据协同的主流技术。

联邦学习本质上是一种分布式机器学习技术，与需要将数据集中在一起进行机器学习的传统模式不同，联邦学习支持将机器学习模型分布到数据所在位置，并借助加密的参数交换等技术，达到无须数据集中便可进行多方计算的目的。可以说，联邦学习方案的突出优点是隐私保护，即原始数据始终保持在设备本地，无须传输。根据多个参与方之间的不同数据分布形式，联邦学习主要分为三类：横向联邦学习、纵向联邦学习和联邦迁移学习。"分布式+加密技术"的双向加持，使联邦学习可以更好地助力数据流动，打通"数据孤岛"，实现数据融合和数据共享，推动人工智能的进一步发展（图5-1）。

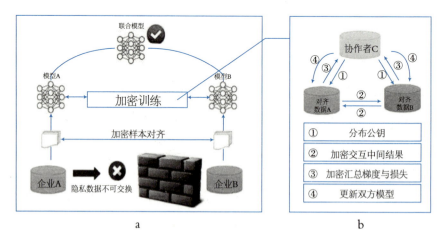

图5-1　联邦学习模式

以多方安全计算为代表的隐私计算技术是突破数据流通瓶颈的关键方案，营销所需的用户行为数据和金融风控所需的用户信贷数据等，非常适合利用多方安全计算技术，很多联邦学习方案就是使用多方安全计算技术来保护数据隐私的。但与联邦学习不同的是，多方安全计算技术不限于机器学习建模，也可以进行机器学习预测、统计分析等。简单地说，多方安全计算技术解决的是在保护隐私信息和没有可信第三方的前提下，一组互不信任的参与方如何协同计算的问题。多方安全计算协议、密码学和差分隐私等相关技术助力，以及"数据不动模型动"的设计理念，使多方安全计算技术得以在保护各方数据隐私的前提下破除数据壁垒，锤炼数据价值。

例如，腾讯研发的"神盾—联邦计算"平台已获得中国信息通信研究院首批颁发的"基于多方安全计算的数据流通产品"证书。"神盾—联邦计算"

是基于联邦学习、多方安全计算、区块链、可信计算等安全技术构建的分布式计算平台，针对机器学习算法进行定制化的隐私保护改造，保证数据不出本地即可完成联合建模。"神盾—联邦计算"平台在非对称联邦概念、安全信息检索方案、同态加密技术、单向联邦网络策略等多个方面取得首创性突破，以领先技术能力支撑风控、营销、推荐、AI等不同场景的上层业务应用。

除了通过技术方案完善数据流通环节外，实现数据流通还需要强化数据共享相关方的激励措施。数据的共享开放是和流通交易同等重要的关键治理环节，数据价值在共享过程中能得到进一步挖掘和利用，国内也开始重点关注跨部门、跨行业的数据共享。政府是我国数据开放的先行示范主体，数据共享主要集中在地方政府内部，跨省交流合作有待加强。由于企业缺少统一规范标准且开放动力不足，加之多数互联网企业将数据看作重要的战略资源，担心数据共享会削弱自身的市场竞争力和行业优势地位，所以目前企业间仍然普遍存在数据孤岛现象。为保护国家隐私和数据安全，我国一直严格限制数据跨境流动。数据跨境的无序流动会给数据主体和数据安全带来风险，可能威胁国家安全和社会公共利益。为了规范数据出境活动，防范数据跨境流动中存在的各种风险，2022年7月，国家互联网信息办公室公布了《数据出境安全评估办法》。

全球数字化转型和区域经济合作加深的现阶段，继续限制数据跨境流动可能影响我国抢占全球数字经济竞争的战略制高点。为实现数据资源有效配置，完善国内数据共享开放体系，国家可以统筹安排政府和企业的数据开放，加强监管，做好数字经济的区域协同配合。

第一，做好政府和企业逐步、逐次开放的整体规划。为稳步推进国内数据共享进程，做到有能力及时应对各项困难，分批次开放各级政府和各类企业的数据是关键。首先应做好政务数据共享先行示例，从而为企业推进数据共享提供可借鉴的经验模式。其次，企业依据各行业特征逐次推进数据共享。可以将商业银行作为切入点，再逐步落实信托、保险、证券等行业机构，以及其他数据所有者的数据共享，从而实现跨业跨界的开放目标。

第二，由相关部门和监管机构牵头制定各领域数据共享的多项标准。为维持共享体系良好运行，应明确监管机构在数据共享标准制定、纠纷处理等事务上的职责，从而开展有关共享数据格式、接口、用户认证等技术标准的制定和执行工作，并协助市场参与者了解数据共享的范围、用途和各方责任，建立有效的纠纷处理机制。

第三，重视数据跨区域协同和跨境流动治理。为减少各区域在数字化转型发展上的差距，实现数据资源跨区域合理配置，应准确把握各区域的经济强项，有效衔接区域优势资源，形成协同互补发展的新格局。同时，推动数据跨境流动治理，推动数据资源在全球范围内的有效配置，从而抢占新一轮发展先机。

第三节　数据安全和监管：国外经验

在全球进入信息化时代和发展数字经济的背景下，数据成为新时代重要的生产要素，逐渐成为全球社会经济转型的新动力。同时，全球数据安全问题频繁发生，对公民个人隐私与财产安全、经济发展、政治稳定和国家利益造成不同程度的损害。例如，2019年11月，开曼国家银行因黑客攻击造成2.21TB财务数据泄露，其中包含38000多个公司、信托和个人账户的详细财务信息。2021年4月，有黑客在黑客论坛上发布一个包含超过5.33亿脸书用户敏感数据的泄露数据库，包括用户的账户名、电话号码、姓名、生日、位置和电子邮件地址等信息。

在数据的采集、汇聚、存储、传输、使用、加工，以及流转、共享、挖掘、分析、销毁、删除等过程中，都有可能发生信息不当泄露的情况，造成数据安全风险[①]。数据安全风险的发生，一方面来源于外部对企业或组织内部网络的攻击，另一方面来源于企业或组织内部在使用和管理数据时的不当行为。2022年5月，中关村网络安全与信息化产业联盟数据安全治理专业委员会正式发布《数据安全治理白皮书4.0》，将数据安全风险分为外部风险和内部风险。数据安全外部风险主要是外部通过漏洞利用、防护绕过等手段入侵企业或组织的内部网络引起的数据盗取或破坏，包括数据泄露、数据篡改、数

[①] 梁正，张栋，于洋.数据出境安全治理国际经验比较与启示[J].中国信息安全，2022（3）：57-60.

据非法使用等。数据安全内部风险，一是由企业或组织内部人员对数据有意或无意行为引发的，如数据泄露、数据窃取、数据篡改、运维人员为泄愤恶意破坏数据、数据意外丢失等；二是由于企业或组织未遵循法律法规所要求的最小化、必要性原则，过度收集用户个人信息，对敏感个人信息非法利用和对消费者"大数据杀熟"行为，侵害用户个人权益及消费者权益；三是由于企业或组织数字化转型过程中，业务频繁变化引起的数据误用、滥用。

为确保数据的安全与合法有序流动，世界上信息产业发达的国家与国际组织先后通过立法对数据安全问题进行规制，也为我国数据安全治理与监管法律体系建立提供了宝贵经验。

一、欧盟《通用数据保护条例》中的数据安全与监管

在个人数据保护方面，欧盟目前最重要的条例就是《通用数据保护条例》（GDPR），该条例自2018年5月正式生效，取代1995年出台的《个人数据保护指令》[①]，旨在保护个人隐私，防止个人信息被滥用。自生效之日起，GDPR就被称为"史上最严数据保护条例"。2019年1月，法国国家数据保护委员会（CNIL）调查发现：谷歌向其用户提供的信息缺乏透明度，明显违反了信息提供义务，同时缺乏用户对个性化广告有效同意的操作，已严重违反GDPR的相关规定（第4条第11项、第5条、第6条、第13条、第14条）。因此，CNIL在综合评估侵权行为性质、持续时间和严重性等因素的基础上，对谷歌处以5000万欧元的罚款。无独有偶，2019年7月8日，英国信息监管局（ICO）以英国航空公司违反GDPR规定，导致40多万客户的个人信息被泄露为由，对其罚款1.8339亿英镑。

---

① 1995年，欧盟委员会发布了《个人数据保护指令》，要求所有欧盟成员国实施自己的数据保护立法，以确保其公民的个人数据得到适当保护，并确保公民获得特定权利，以便了解第三方所持有的数据，并能够在适当的时候纠正或删除数据。

在尊重私营部门使用个人数据的基础上，为完善数据治理和提高消费者福利，GDPR规定了七大个人数据处理的基本原则：合法、公平和透明原则，目的限制原则，最小化处理原则，准确性原则，存储限制原则，完整性和保密性原则，责任原则。2016年，欧盟对GDPR进行修订时，增加了个人数据的"被遗忘权"。

考虑到我国数字经济发展的情况，借鉴欧盟GDPR的原则，我国个人数据保护司法实践可采用如下原则。

第一，知情同意原则。该原则是信息安全之首要原则，充分体现"意思自治"在该领域的适用。该原则的核心内容是网络运营商在收集和处理个人数据前，必须明确告知用户数据使用的范围和目的，并征得信息主体积极、明确的同意，从而确保用户自由选择权的实现。

第二，信息最少化原则。网络运营商在收集和利用数据的过程中，应当确保关涉的数据范围、保存期限等与使用目的一致。当然，使用数据的目的必须在收集前确定，并告知用户。

第三，匿名化处理。技术的完善与创新是匿名化处理的工作重点。目前，网络运营商的匿名化处理主要通过两种方式实现：一是数据扰动，利用使原数据失真、仅呈现统计学状态的方式，达到隐藏个人身份信息的目的；二是限制发布，在个性化推荐服务中，应当选择用户敏感度、隐私性较低的信息发布。

目前，被遗忘权在我国尚未明确。欧盟GDPR第17条规定，被遗忘权指信息主体有权要求信息控制者删除与其个人相关的资料信息，并有权要求任何已知的第三方删除针对上述信息的所有复制和链接的权利。被遗忘权能否在中国实现本土化，还需进一步探讨。若制定中国本土化的个人数据的被遗忘权，需解决诸多难题，诸如被遗忘权的效力内容和范围的界定、申请审查制度的构建、通知义务的配置等。由于互联网上的数据具有高度的社交属性，允许部分个体获得数据的被遗忘权，在一定程度上也会侵犯另一部分个体的数据权，这也使个人数据被遗忘权的执行具有技术上的难度。

知识链接

国内首例"被遗忘权"案①

2015年，任某诉某搜索引擎公司案中，原告任某的主张之一是某搜索引擎公司侵犯其作为一般人格权的"被遗忘权"，这一案件成为国内首例"被遗忘权"案例。

原告任某系国家高级人力资源师，某公司特聘高级工程师，在教育及管理领域均享有较高的声誉。任某曾于2014年7月至11月在无锡某生物科技有限公司从事相关的教育工作。2015年，任某发现在某搜索引擎键入自己的名字，会出现"某教育任某"等字样的内容及链接，同时"某教育"在外界颇受争议，其在某搜索引擎上的关联词条是"某教育骗局"等负面内容。侵权信息给任某名誉造成侵害，任某曾多次发邮件给某搜索引擎公司要求删除相关内容，也多次亲自从山东前往某搜索引擎公司要求删除，但是某搜索引擎公司仍没有删除或采取任何停止侵权的措施。同年3月，任某应聘多家公司，但"某教育任某"等负面关联信息严重影响任某取得公司信任而无法工作，每月造成至少五万元的经济损失。除了名誉权和姓名权被侵犯以外，任某认为还存在"被遗忘权"问题，现在某教育跟任某没有关系，公众会误解任某与某教育还有合作，误导潜在合作伙伴、误导学生。某教育在行业内口碑不好，如果有客户或学生利用某搜索引擎查询任某的名字，只看搜索结果和关键词会误解任某还在某教育工作。

该案件由北京中级人民法院受理，法院审理认为：

第一，由于我国现行有效法律中并无"被遗忘权"的权利类型，原告所主张的一般人格利益，只有在满足正当和必要的前提下，方可支持。

第二，原告任某希望删除能够指向其曾经在"某教育"工作经历的搜

---

① 根据王融《"被遗忘权"很美？——评国内首例"被遗忘权"案》（载《中国信息安全》，2016年第8期，87-89页整理。

索链接。该主张蕴含了两项具体的诉求意向：其一是确认任某曾经合作过的"某教育"不具有良好商誉；其二是试图向后续的学生及教育合作客户至少在网络上隐瞒其曾经的工作经历。

就前者而言，企业的商誉受法律保护，法律禁止任何人诋毁或不正当利用合法企业的商誉。不同个人对企业商誉的评价往往是一种主观判断，而企业客观上的商誉也会随着经营状况的好坏而发生动态变化，因此不宜抽象地评价商誉好坏及商誉产生后果的因果联系。

就后者而言，涉诉工作经历信息是原告任某最近发生的情况，与其目前的个人行业资信具有直接的相关性和时效性；这些信息的保留对于包括原告潜在客户或学生在内的公众知悉原告的相关情况具有客观的必要性。

因此，任某在本案中主张的应"被遗忘"（删除）信息的利益不具有正当性和受法律保护的必要性，法院不予支持。

总结来看，法院并没有因为我国现有立法未对"被遗忘权"作出规定而直接否定原告的主张，而是首先将包含有个人工作经历的信息认定为个人信息，认可原告对该个人信息主张权利。同时，法院将原告所主张的"被遗忘权"作为非类型化的人格权，分析其主张的权益是否有保护的正当性和必要性，特别从公共利益的视角出发，对二者进行准确的分析，其中借鉴了欧洲法院相关判例中的经验，认为原告所主张的工作经历信息并非是过时的、不相关的个人信息，特定公众对其享有合理的知情权。

二、欧盟《数字市场法》《数字服务法》中的数据安全与监管

欧盟委员会于2020年12月15日发布数字新规草案《数字市场法》[①]（Digital

[①] European Commission. Proposal for a regulation of the european parliament and of the council on contestable and fair markets in the digital sector（Digital Markets Act）[Z]. COM/2020/842 final.

Markets Act，简称DMA）和《数字服务法》（Digital Services Act，简称DSA），这两个法案是对《通用数据保护条例》等欧盟数据治理法律法规的补充。为保证数字经济发展的开放性，两部法案分别对相关中介机构和大型数字企业进行约束，以保护处于弱势方的中小企业和消费者。两部法案的出台，一方面有效地规制了大型数字企业的垄断竞争行为，为本土中小互联网平台营造良好的发展空间，促进欧洲数字市场竞争更加开放、公平和自由，保障消费者享受更加安全、透明和可信赖的在线服务；另一方面却使欧盟本土产生越来越多的互联网巨头，考虑到互联网企业"强者恒强"的发展特点，这一系列的法律法规在一定程度上束缚了欧洲数字产业在全球的创新力、增长力和竞争力。事实上，许多学者和业界人士在总结为什么欧洲无法产生像美国的谷歌、脸书，以及中国的腾讯、阿里巴巴等互联网巨头时，都会将欧洲过于严苛的数字经济监管视为重要的原因之一。

两部法案将"权利与责任对等"及"线上与线下同责"作为基本原则，从民主、自由、平等、法治等基本价值观出发，在监管部门职权界定及数字企业服务规范方面作出大胆且创新的规定，明确了事前义务，建立了全面的监管措施和实施措施，提出了威慑制裁等一系列创新举措，加强了对数字企业，尤其是大型数字企业的规制。《数字市场法》和《数据服务法》的共同目标是建立更加开放、公平、自由竞争的欧洲数字市场，促进欧洲数字产业的创新、增长和竞争力，为消费者提供更加安全、透明和值得信赖的在线服务。但是，这两部法案在内容上具有不同的侧重点：《数据市场法》侧重反托拉斯法在数字领域的拓展和体现，《数据服务法》侧重加强数字平台在打击非法内容和假新闻以及传播方面的责任。

（一）《数字市场法》

针对数字市场竞争问题，《数字市场法》以"守门人"制度为核心内容。这一制度主要规定了符合"守门人"条件的企业在数字市场竞争中应当承担的特定义务。《数字市场法》将"守门人"定义为在数字市场上已具备一定规模或拥有一定影响力的科技企业。这体现了哈佛学派[①]"结构主义"的核心思想：规模或市场占有率较大的企业负有其特定的竞争义务。在竞争法被芝加哥行为主义学派[②]主导近半个世纪的背景下，"守门人"制度可以说是对"结构主义"的典型回归[③]。对于被定义为"守门人"的企业来说，该法案对其在欧盟和世界范围内的市场行为产生重大而深远的影响。

《数字市场法》的相关规定主要针对大型数字企业，即"守门人"企业，以解决大型数字企业的市场竞争问题。例如，监管部门要求大型数字企业开放与第三方平台的服务互联、提升平台数据面向用户的公开性和可访问性，并规定其不得阻止用户卸载其预装软件和应用、阻止平台商家与其他平台签订合同等。"守门人"企业还需要向监管部门履行报告义务。例如，按规定报告规模以上的收购交易行为，以及收购交易规模通常低于传统并购审查门槛的交易行为。

该法案同时赋予欧盟以处罚违规行为的权力。例如，欧盟可对违反规定的企业处以企业全球营业额最高10%的罚款。此外，为防止"守门人"企业的市场垄断地位不断提升，欧盟委员会有权采取包括行为性措施和结构性措

[①] 哈佛学派是指20世纪30年代至60年代，由哈佛大学的爱德华·梅森（Edward S. Mason）教授开创，并经其学生乔·贝恩（Joe S.Bain）等学者的共同努力，形成的比较完整的产业组织理论。哈佛学派是比较传统和早期的反垄断经济学派之一。哈佛学派所提出的产业组织理论把产业分解为特定的市场，按结构、行为、绩效三个方面对其进行分析，构造了"市场结构—市场行为—市场绩效"的分析框架，简称SCP框架。由此，哈佛学派也被称为"结构主义学派"，其"市场结构—市场行为—市场绩效"也被称为"结构主义范式"。

[②] 芝加哥行为主义学派是另一个重要的反垄断经济学派，是20世纪50年代在芝加哥大学组建起来的一个经济学派，其代表人物是罗伯特·博克（Robert H. Bork）、理查德·波斯纳（Richard A. Posner）和乔治·斯蒂格勒（George J. Stigler）等。20世纪70年代后，芝加哥行为主义学派向结构主义学派发起挑战，认为企业行为是企业决策者基于自己的组织结构和经营目标而作出决策和实施决策的结果，与企业所处的市场结构状况没有太大关系。

[③] 张钦昱. 数字经济反垄断规制的嬗变——"守门人"制度的突破[J]. 社会科学, 2021（10）：107-117.

施①的任何监管措施。在违反某些核心义务规定或多项义务规定的情况下，"守门人"企业可能系统性违背《数字市场法》，从而导致监管结果偏离法规目标。只有在由企业结构性问题引起系统性违规行为的情况下，结构性措施方可适用，包括企业拆分重组、相关业务剥离等。但是，欧盟委员会实施结构性监管措施的前提是行为性措施缺失或行为性措施失效。鉴于结构性监管措施的严厉性，欧盟委员会需要通过市场调查和评估来判断是否采取结构性监管措施。

在数字市场竞争监管方面，我国国家市场监督管理总局于2020年11月10日发布《关于平台经济领域的反垄断指南》征求意见稿（2021年2月7日国务院反垄断委员会印发《国务院反垄断委员会关于平台经济领域的反垄断指南》），早于欧盟在2020年12月15日公布的《数字市场法》。国内外之所以出现如此相似的立法动向，是因为全球数字经济逐渐走出中小企业林立的萌芽期，行业生态系统的市场集中度持续提升，出台相应法律法规进行监管的必要性和紧迫性日益凸显。在数字市场竞争的监管方面，《数字市场法》对我国有以下启示。

第一，建立和完善针对数字市场经济结构及数字科技企业的监管体系，注重运用结构性监管措施。此前，我国在数字经济领域中，对平台企业的行为性监管持较为谨慎的态度，较少使用严格的结构性监管措施，"审慎包容"理念贯穿其中。芝加哥学派"行为监管"的逻辑为，结构问题是行为问题的结果，因此反垄断的关键在于对市场主体行为的管制。这样的监管逻辑已主导反垄断竞争法近半个世纪，但是许多实证研究表明，数字经济领域的问题多表现

---

① 结构性救济措施是可以影响市场结构的救济方式，主要指剥离参与集中的经营者的部分业务、部分资产，或者要求其转让部分股权；行为性救济措施，则是指规制经营者的竞争行为（通常要求经营者集中后不得采取滥用市场优势地位等行为）来达到对竞争的救济。此外，欧盟2020年12月15日颁布的《数字市场法（提案）》中明确规定：只有在没有同等有效的行为性补救措施，或者任何同等有效的行为性补救措施比结构性补救措施更繁重的情况下，才应施加结构性补救措施，如法律、职能分离或结构分离，包括对一家企业或部分的分离。

为市场结构问题，结构问题往往是行为问题的原因，数字经济市场中频繁出现的大型在线平台垄断问题也在一定程度上说明行为监管的效果略显不足。欧盟发布的《数字市场法》体现了哈佛学派"结构主义"的核心思想，规模或市场占有率较大的企业应履行其特定的竞争义务。因此，数字市场竞争监管应加强对数字市场经济结构及数字科技企业的监管，注重运用结构性监管措施。

第二，细化针对不同主体的监管规定，完善针对特定主体的特殊义务。国家市场监督管理总局发布的《关于平台经济领域的反垄断指南》征求意见稿显示，我国对平台经济领域的监管要求仍具有一定的普遍性，并非针对重要的特定主体，而是适用于领域内所有类型的企业。欧盟发布的《数字市场法》则突破了原有的普遍义务模式，对具有优势规模和影响力的"守门人"企业制定了相应的特殊义务，尝试解决数字经济市场的结构性问题。

（二）《数字服务法》

针对数字市场主体的权利与责任问题，《数字服务法》在互联网平台数据透明、非法内容监管和消费者基本权利保护、系统风险管理和监管结构等方面细化和完善了原有机制，并提出一系列平台新义务和监管新措施，建立了面向数字企业的横向监管框架。相较于《数字市场法》，该法案的监管对象更加广泛，包括网络中介、托管服务提供商，以及在线平台等数字服务提供商。但和《数字市场法》一样，本法案包括一系列针对大型数字企业的监管措施，如赋予欧盟对脸书、推特等大型网络平台特别监管权和直接制裁权，这将重新平衡用户、平台和监管当局的权利与义务。

《数字服务法》具体内容如下。

第一，在互联网平台数据透明性方面，法案要求在线平台广泛采取提高透明度的措施，如公开如何收集、使用和保护消费者数据等信息，如何将竞争对手的业务信息与自身业务相隔离，以及平台广告来源、数据访问范围和算法推荐方法等。

第二，在非法内容监管和消费者基本权利保护方面，法案要求在线平台采取有效措施打击商品和服务等诸多方面的非法内容。例如，平台应鼓励用户标记平台非法内容，并与"可信标记者"（trusted flaggers）合作。

第三，在平台系统风险管理方面，法案规定大型在线平台应承担平台系统风险管理的义务，并对风险管理措施进行独立审计，防止平台技术或系统被操纵并滥用于非法或虚假内容的宣传活动。例如，竞选操纵、犯罪活动、恐怖主义和虚假新闻宣传等。

第四，在监管结构方面，针对互联网空间的复杂性，法案建立了基于欧洲数字服务委员会（European Board for Digital Services）的监管结构，在这一监管结构下，欧盟成员国承担主要监管责任，而欧盟委员会主要负责监管大型在线平台，对其违规行为予以处罚。

在数字市场主体权利与义务的界定方面，《数字服务法》对我国的数据安全和监管有以下启示。

第一，监管应充分考虑消费者福利，规范在线平台的数据透明性和内容合法性。《数字服务法》致力于保障网络平台用户的基本权利，为消费者提供安全、透明和可信赖的网络消费环境。法案从消费者福利角度出发，要求平台公开相关信息，还鼓励平台打击网络非法内容，并提高内容审核决策的透明度。

第二，监管应注重全社会数据治理，防范平台系统风险，防止平台数据和系统被滥用。《数字服务法》为保证用户和消费者充分了解大型在线平台对社会的影响，防止平台技术或系统被操纵并滥用于非法或虚假内容的宣传活动，从社会公平和数据治理角度出发，要求在线平台向科研人员提供关键数据的访问权限以开展研究，并规定大型在线平台应承担系统风险管理以及对风险管理措施进行独立审计的义务。

基于保障市场竞争要求，我国已实施针对数字经济企业的监管举措。2020年12月，国家市场监督管理总局依据《中华人民共和国反垄断法》对阿里巴巴集团控股有限公司（以下简称"阿里巴巴"）在国内网络零售平台服务市场滥用市场支配地位行为立案调查。调查表明，阿里巴巴实施"二选一"

行为排除、限制了国内网络零售平台服务市场的竞争，妨碍了商品服务和资源要素自由流通，影响了平台经济创新发展。2021年4月10日，国家市场监督管理总局据此依法作出行政处罚决定，责令阿里巴巴停止违法行为，并处以其2019年国内销售额4557.12亿元4%的罚款，计182.28亿元。2021年4月26日，国家市场监督管理总局官网发布消息称，根据举报，将依法对美团实施"二选一"等涉嫌垄断行为立案调查。

🔗 知识链接 ┄┄┄┄┄┄┄┄┄┄┄┄┄┄┄┄┄┄┄┄┄┄┄┄┄┄┄┄┄┄┄┄┄┄

市场监管总局对阿里巴巴"二选一"垄断行为作出行政处罚[①]

2020年12月24日，国家市场监督管理总局依据《反垄断法》对阿里巴巴集团控股有限公司（以下简称"阿里巴巴"）在中国境内网络零售平台服务市场滥用市场支配地位行为立案调查。

根据《中华人民共和国反垄断法》第四十七条、第四十九条规定，综合考虑阿里巴巴违法行为的性质、程度和持续时间等因素，2021年4月10日，国家市场监督管理总局依法作出行政处罚决定，责令阿里巴巴停止违法行为，并处以其2019年中国境内销售额4557.12亿元4%的罚款，计182.28亿元。同时，按照《中华人民共和国行政处罚法》坚持处罚与教育相结合的原则，向阿里巴巴发出《行政指导书》，要求其围绕严格落实平台企业主体责任、加强内控合规管理、维护公平竞争、保护平台内商家和消费者合法权益等方面进行全面整改，并连续三年向国家市场监督管理总局提交自查合规报告。

---

① 国家市场监督管理总局.市场监管总局依法对阿里巴巴集团控股有限公司在中国境内网络零售平台服务市场实施"二选一"垄断行为作出行政处罚[EB/OL].[2021-04-10]. https://www.samr.gov.cn/xw/zj/202104/t20210410_327702.html.

182.28亿这个数字创下我国反垄断罚款最高纪录，是2015年高通公司垄断行为罚款60.88亿人民币（2013年度在华销售额8%）的三倍。

（一）基本情况

调查过程中，阿里巴巴就如下问题提出异议。

1.市场支配地位

在调查过程中，阿里巴巴方表示自身不具有市场支配地位，理由为：不能以单一指标推定其具有支配地位；行业准入门槛降低，新竞争者持续进入并快速发展；经营者对单一平台的依赖性有限，迁移成本降低。

国家市场监督管理总局利用数据和事实，根据《中华人民共和国反垄断法》第十八条、第十九条规定，认定阿里巴巴在中国境内网络零售平台服务市场具有支配地位。

（1）市场份额：阿里巴巴的市场份额超过50%。2015—2019年，阿里巴巴网络零售平台服务收入在中国境内10家主要网络零售平台合计服务收入中，份额分别为86.07%、75.77%、78.51%、75.44%、71.17%。2015—2019年，阿里巴巴网络零售平台商品交易额在中国境内网络零售商品交易总额中，份额分别为76.21%、69.96%、63.58%、61.70%、61.83%。

（2）市场集中度：根据平台服务收入市场份额计算，2015—2019年，中国境内网络零售平台服务市场的HHI指数（赫芬达尔—赫希曼指数）分别为7408、6008、6375、5925、5350，CR4指数（市场集中度指数）分别为99.68、99.46、98.92、98.66、98.45，表明相关市场高度集中，竞争者数量较少。阿里巴巴在2015—2019年市场份额较稳定，因此其长期保持较强竞争优势。

（3）自身条件优越：阿里巴巴具有雄厚的财力，能够支持其在相关市场及关联市场的业务扩张。同时，阿里巴巴具有先进的技术条件，积累了海量数据并拥有强大的算力和先进的人工智能技术，建立了可靠的安全系统，进一步巩固和增强了其市场力量。网络零售平台市场的建设需要大量的资金投入和强大的技术支持，因此市场进入难度大。

（4）与经营者的关系：阿里巴巴网络零售平台对平台内经营者具有很强的网络效应和锁定效应，拥有大量消费者用户且消费者用户黏性很强，平台内经营者从阿里巴巴平台转换到其他平台的成本很高。

以上事实证据反驳了阿里巴巴提出的其不具有市场支配地位的理由。

2.滥用市场支配地位行为

调查过程中，阿里巴巴提出：签订合作协议为平台内经营者自愿，会给予平台内经营者独特资源作为对价，属于激励性措施，具有正当理由；采取限制性措施是针对平台内经营者没有按照约定执行的情况，实施有关行为是保护针对交易的特定投入所必须。

经国家市场监督管理总局调查，2015年以来，阿里巴巴为限制其他竞争性平台发展，维持、巩固自身市场地位，滥用其在中国境内网络零售平台服务市场的支配地位，实施"二选一"行为，违反《中华人民共和国反垄断法》第十七条第一款第（四）项关于"没有正当理由，限定交易相对人只能与其进行交易"的规定，构成滥用市场支配地位行为。

阿里巴巴以签订协议或口头约定的方式禁止平台内的核心商家在其他竞争性平台开店或参加其他竞争性平台"双11""618"等重要促销活动。阿里巴巴采取多种奖惩措施保障"二选一"要求实施：一方面通过流量支持等激励性措施促使平台内经营者执行"二选一"要求，另一方面通过人工检查和互联网技术监控等方式，监测平台内经营者在其他竞争性平台开店或者参加促销活动情况，并凭借市场力量、平台规则和数据算法等技术手段，对不执行相关要求的平台内经营者实施处罚，包括减少促销活动资源支持、取消参加促销活动资格、搜索降权、取消在平台上的其他重大权益等。

（二）"二选一"的危害

2015年，京东贸易公司、京东叁佰陆拾度公司起诉天猫网络公司、天猫技术公司、阿里巴巴公司，要求被告停止"二选一"，并向其索赔10亿元。该案持续数年，因天猫主张此案应由浙江省高级人民法院审理，一度陷入法院管辖权之争。2019年，最高人民法院二审认定北京市高级人民法院对此案有管辖权。同年，唯品会和拼多多向北京市高级人民法院提出申请，请求以第三人身份加入诉讼。面对多位友商的联合诉讼，阿里巴巴的回复仍旧坚持"二选一"行为是正常的市场行为。

2019年6月，家电企业格兰仕发布声明称，自2019年5月格兰仕拜访拼多多之后，便遭到天猫限流，格兰仕核心店铺的"618大促"标识被剔除，淘宝搜索访客数"断崖式"下滑，甚至一度无法搜索到其官方旗舰店。这让备战"618"大促的格兰仕损失惨重，超20万产品的库存被积压。

阿里巴巴"二选一"行为限制平台内经营者在其他竞争性平台开店或者参加其他竞争性平台促销活动，形成锁定效应。"二选一"行为排除、限制了相关市场经营者之间的公平竞争和潜在竞争，损害了平台内经营者的经营自主权和合法利益，削弱了品牌竞争程度，阻碍了要素自由流动从而降低资源配置效率，限制了平台内经营者多样化、差异化创新经营，抑制市场主体活力从而影响平台经济创新发展，并且限制了消费者的自由选择权和公平交易权。这种"二选一"行为从长远看会对社会总体福利水平带来潜在损害。

（三）反垄断监管会成为一种常态

陆续出台的政策文件和相关监管部门多次提及的监管重点主要有"限定交易"，如电商平台"二选一"行为；"低于成本"销售；"差别待遇"，如大数据杀熟和限流降权行为；"搭售或附加不合理交易条件"，如在线旅游平台进行捆绑销售和强制绑定保险。

随着我国经济社会快速发展，全球经济环境发生变化。2020年12月召开的十九届中央政治局会议强调"强化反垄断和防止资本无序扩张"，此后反垄断成为平台经济领域最重要的关键词之一。如何回应数字经济发展的新挑战、合理规范平台经济发展，成为反垄断法修正草案重点。

2022年6月24日，十三届全国人大常委会第三十五次会议通过了修改反垄断法的决定。修订后的《中华人民共和国反垄断法》自8月1日起施行，这也是2008年反垄断法正式实施以来的首次大修订。

新修订的《中华人民共和国反垄断法》进行了八大方面36处修改，从内容看，数字平台经济反垄断、规范行政执法行为的公平竞争审查制度、"安全港"制度等，均是首次出现。对于企业来说，此前模糊的、理论上的相关规定变得更加清晰和现实。值得注意的是，新修订的反垄断法特别警示数字经济领域中具有市场支配地位的经营者不得通过数据、算法、技术和平台规则滥用市场支配地位。

三、美国《加州消费者隐私法案》中的数据安全与监管

美国的数字经济较为发达，隐私保护标准一直相对宽松。目前，美国联邦层面还尚未出台数据保护方面的统一立法。多年来，美国在隐私保护方面一直采取"行业自律与美国联邦贸易委员会（FTC）立法相结合"的"安全港"模式，在对公民隐私进行强有力保护的同时，推动数据的自由流通和便捷交易。美国所制定的相关隐私保护规则，对我国个人网络信息保护的法律规制的建构具有如下借鉴意义。

第一，"有限数据留存"原则。2009年，《联邦贸易委员会工作人员报告：网络行为广告的自我约束原则》[1]发布，提出在个性化推送中应当合理使用用户信息的相关原则，如"有限数据留存"原则、"获得网络用户对其隐私使用或实质性更改的明示同意"原则等。美国联邦贸易委员会在其制定的保护规则和执法过程中都强调，公司必须严格遵守关于数据保护和分享的承诺。报告还指出，公司对于收集使用的个人信息必须进行"匿名化"处理，并且数据的保存时限最长为六个月。

第二，个人信息"匿名化"处理。《联邦贸易委员会2010年度隐私报告》

---

[1] Federal Trade Commission. FTC Staff Report: Self-Regulatory Principles for Online Behavioral Advertising [R]. Washington, DC: Federal Trade Commission, 2009.

明确了对个人信息"匿名化"处理的相关要求：必须采取措施实现信息"去身份化"的目的；保证不对"匿名化"信息进行再识别或重读的操作；必须与第三方通过订立协议的方式明确约定，确保使用信息的合作方不对"匿名化"信息进行再识别或重读的操作。

第三，个人信息的分级保护与明确管理者责任。2009年，美国《联邦贸易委员会工作人员报告：网络行为广告的自我约束原则》提出，当前对于"敏感信息"的范围和内容界定尚不明确，应当完全禁止企业收集、处理用户的"敏感信息"或某些"敏感信息"，以及基于这些信息的个性化推荐服务（如用户搜索的关于疾病、性取向的信息均属高度"敏感信息"，关涉较高的个人隐私，不应当基于这些信息进行个性化推送）。为进一步证明这一观点，报告还列举了"COPPA《美国儿童在线隐私保护法》规则""HIPAA《健康保险流通与责任法案》"等相关内容。

虽然美国在联邦层面尚未出台数据保护方面的统一立法，但部分州已针对消费者数据隐私问题颁布了相关法规法案。例如，2018年6月，加利福尼亚州通过了《加州消费者隐私法案》（CCPA），成为美国第一个拥有隐私立法的州。CCPA被认为是全美最严厉的隐私保护法案，通常被称为"GDPR精简版"。

CCPA关于"个人信息"的定义非常细致，将"个人信息"定义为任何能够识别、关联、描述与特定消费者或其家庭有关的信息，并列明个人信息种类，包括但不限于姓名、别名、邮政地址、唯一个人识别码、在线标识码、互联网协议地址、电子邮件地址、账户名称、社会保障号码、驾驶证号码、护照号码、政府ID、财产记录、购买记录、生物信息、网络活动信息、地理位置数据、电子信息、教育信息、就业信息，以及用于创建反映消费者偏好、智力、能力的用户画像。同时，CCPA明确规定了不被认定为个人信息的信息类别，包括公开可得信息（可以从联邦、州或地方政府记录中合法获取的信息）、已被去标识化的消费者特定信息和消费者综合信息。

CCPA适用范围较广，涵盖所有收集加州消费者个人信息的企业。法案赋予消费者拥有更多对其个人信息的控制权，同时规范企业收集、使用用户数据的行为和方式。法案规定，对于拥有5万名以上注册用户的企业，消费者有权要求该企业披露其收集的信息内容，具体包括企业收集的数据类别、数据用途及其与哪些第三方企业进行数据交易。此外，CCPA还赋予消费者访问权、删除权、知情权等一系列消费者隐私保护的权利。

尽管对于个人数据保护作出严格规定，但无论是现行的隐私法案CCPA还是计划实施的CPRA^①，都对个人数据利用持较为开放的态度，强调市场自我调节，意在保持美国互联网强国的全球竞争力。例如，CCPA规定经营者可以为个人信息的收集、出售或者删除提供财务激励措施，包括向消费者支付补偿金；经营者可基于消费者提供的数据价值，向消费者提供直接体现数据价值差异的不同价格、费率，以及相应水平或质量的商品或者服务。数据的真正价值是流通，CCPA对个人信息价值的明确认定，从侧面反映了CCPA的本意在于保护消费者隐私和个人信息，而不是限制数据的流通。相反，这种价值明确会对数据流通产生一定的促进作用。

政府在推动个人信息保护立法时需考虑个人数据权益保护和数据自由流通之间的平衡与取舍。美国在CCPA法案出台之后，依然强调"数据的自由流通"，致力于实现互联网产业发展与个人信息保护之间的平衡，从而更好地实现国家的整体利益，推动行业长远发展。欧盟的《一般数据保护条例》（GDPR）侧重保护个人数据权利，而美国则更关注信息数据的自由流通所带来的巨大经济价值。因此，中国未来关于数据治理的立法将如何取舍是很值得研究探讨的。

在当前加强数据保护的全球大趋势下，我国在个人信息安全保护的规则和执行模式等方面应结合我国实际问题，借鉴国外经验，完善相关法律规制。

---

① 2020年11月3日，加州公民通过了《加州隐私权与执法法案》（CPRA），该法对2020年1月1日在加州生效的CCPA进行了修正。CPRA旨在通过对收集和共享敏感个人信息的公司制定新要求来加强加利福尼亚州的隐私法规，该法的大部分条款于2023年1月生效。

第四节　数据安全和监管：本土实践

　　在进行市场化配置时，虚拟化的数据要素比传统的生产要素更易泄露，对数据安全和隐私保护的要求空前提高。做好数据安全保护，才能推动数据要素资源有效配置。2017年，北京某数据公司发生内部员工盗取信息的特大侵犯公民个人信息案件；2019年，大数据安全问题再次引发热议，多家征信企业接受警方调查；2021年7月，IBM发布的《2021年数据泄露成本报告》①显示，数据泄露事件给企业造成的平均损失为424万美元。而IBM的另一项调研发现，企业越来越多地通过远程工作模式、基于云的业务运营模式访问敏感数据，尽管这种工作方式转变已经引起了风险模型的变化，但超过半数因新冠疫情而居家办公的员工并未获得有关如何处理客户个人身份信息（Personally Identifiable Information，PII）的新准则。该研究深入分析全球500多个机构的数据泄露事件，发现其中80%的事件导致了客户PII的暴露。在因数据泄露而暴露客户隐私的所有数据类型中，客户PII是耗费企业成本最高的一项。在大数据时代，信息公开和数据共享是必然趋势，但大数据交易过程中的隐私泄露事件会危害用户利益，抑制大数据交易工作的顺利开展，甚至阻碍大数据产业有序推进。数据泄露将导致市场失灵，即市场无法实现对数据要素的最优配置。

---

① IBM Security.2021年数据泄露成本报告[EB/OL].[2021-10-26]. https://www.ibm.com/downloads/cas/R1ZLBDPM.

2021年7月20日，国家计算机网络应急技术处理协调中心（CNCERT/CC）公开发布《2020年中国互联网网络安全报告》①。2020年，CNCERT/CC累计监测发现政务公开、招考公示等平台未脱敏展示公民个人信息事件107起，涉及敏感信息近10万条，个人信息非法售卖事件203起，数据库存在个人信息遭盗取和非法售卖等重要数据安全事件3000余起。国家信息安全漏洞共享平台（CNVD）在2020年新增收录通用软硬件漏洞数量达20704个，其中网络安全产品类漏洞数量达424个，利用安全漏洞针对境内主机进行远程攻击行为日均超过2176.4万次。

数据泄露事件和网络安全事件不利于我国数据合法安全地有序流动，对我国数据安全造成严重危害。近年来，我国非常重视数据治理与数据安全保护，在规范治理方面不断推陈出新。从2017年6月1日起实施的《中华人民共和国网络安全法》明确了数据的使用目的、范围和手段，赋予用户授权、更正和修改自身数据的权利。《信息安全技术 个人信息安全规范》（GB/T 35273-2020）进一步规范了数据收集、流通和使用等环节，并对数据安全保护和应急安全问题处理提出要求。2020年9月，中国人民银行正式印发《金融数据安全数据安全分级指南》（JR/T 0197—2020）（以下简称《指南》）。《指南》是2020年7月《中华人民共和国数据安全法（草案）》公布后金融数据安全领域的第一个全国性行业标准，填补了金融数据安全保护体系的空白，是完善金融数据安全保护体系的开拓性一步。该标准对数据资产进行合理梳理、归类和细分，最终确定数据的安全级别划分清单，成为金融数据参与要素分配的重要一环。2021年6月10日，第十三届全国人民代表大会常务委员会第二十九次会议通过《中华人民共和国数据安全法》，自2021年9月1日起施行。《中华人民共和国数据安全法》明确规定，国家建立数据分类分级保护制度，根据数据在经济社会发展中的重要程度，以及一旦遭到篡改、破坏、泄露或

---

① 国家计算机网络应急技术处理协调中心.2020年中国互联网网络安全报告[EB/OL].[2021-07-21]. https://www.cert.org.cn/publish/main/upload/File/2020%20Annual%20Report.pdf.

者非法获取、非法利用，对国家安全、公共利益或者个人、组织合法权益造成的危害程度，对数据实行分类分级保护。2021年8月20日，第十三届全国人民代表大会常务委员会第三十次会议通过了《中华人民共和国个人信息保护法》，规定了我国个人信息保护的基本原则、个人信息所有者的权利、数据处理者和数据控制者的权利义务、数据的跨境转移、第三方数据监管机构、机构间合作与协调、赔偿与处罚等。2021年11月14日，国家互联网信息办公室发布《网络数据安全管理条例（征求意见稿）》，进一步规范了互联网产业的数据要求，包括第三方插件的个人信息收集、隐私协议的合规要求、互联互通义务等。

与欧盟GDPR相比，《中华人民共和国网络安全法》与《中华人民共和国个人信息保护法》在个人信息的定义方面，强调了"电子或其他方式记录"的载体类型，一定程度上是受到了互联网的影响，而GDPR对于个人信息并没有在载体类型上作任何限制。在数据主体的权利方面，《中华人民共和国个人信息保护法》与欧盟的GDPR，都赋予个人对其个人信息的处理享受知情权，以及有限制或拒绝他人对其个人信息进行处理的权利；具体规定了查阅权、复制权、可携带权、更正补充权、删除权。除此之外，《中华人民共和国个人信息保护法》还规定了个人对其信息的处理享有决定权和要求解释权，而GDPR没有明确对这两项权利作为个人信息处理活动中的普遍性权利进行规定。但针对知情权，《中华人民共和国个人信息保护法》规定，除非数据主体主动申请要求获悉个人信息的处理情况，数据处理者可以免除该项义务。

《中华人民共和国数据安全法》将数据安全定义为，数据安全，是指通过采取必要措施，确保数据处于有效保护和合法利用的状态，以及具备保障持续安全状态的能力。《中华人民共和国数据安全法》进一步完善数据安全制度，具体包括数据分类分级保护制度、数据安全风险评估预警机制、数据安全应急处置机制、出口管制和贸易措施。《中华人民共和国数据安全法》第二十一条提出，要对数据实行"自上而下"的分类分级保护制度。这种分类分级标准有两方面含义：一方面强调根据数据保护价值进行分类（国家安全、公共利益或者个人、组织合法权益），另一方面强调对数据所保护价值的危害程度进行分级。

《中华人民共和国数据安全法》特别强调对重要数据和国家核心数据的特殊保护，对列入重要数据具体目录的数据进行重点保护，对关系国家安全、国民经济命脉、重要民生、重大公共利益等国家核心数据要实行更加严格的管理制度。《中华人民共和国数据安全法》对数据处理的定义是："数据处理，包括数据的收集、存储、使用、加工、传输、提供、公开等"。其中规定了数据处理者应履行的数据安全保护义务，具体包括建立和健全全流程数据安全管理制度、数据处理活动符合社会公德和伦理、加强风险监测、定期开展风险评估、留存审核交易记录、不得窃取数据、依法调取数据等。

第六章

—

从数据资产管理运营
到构建数据资产生态体系

第一节　数据资产管理运营

数据资产管理（Data Asset Management，DAM）是指规划、控制和提供数据及信息资产的业务职能，包括开发、执行和监督有关数据的计划、政策、方案、项目、流程、方法和程序，从而控制、保护、交付和提高数据资产的价值[①]。通过挖掘和整合，数据不仅成为社会生产运营活动所需要的社会资源，也实现向生产要素的转换。数据资产管理是现阶段推动大数据与实体经济深度融合、新旧动能转换、经济转向高质量发展阶段的重要工作内容。

在实践中，如果缺少恰当的管理手段，即使拥有大量数据，也无法释放其应有的价值。相反，如果掌握有效的管理能力，即使不拥有数据，也可以寻找拥有数据的合作者，借助"杠杆"充分发挥数据应用于生产的潜在价值。数据资产管理不只适用于拥有数据、希望盘活数据提高管理决策能力，或希望通过数据资产的应用、运营实现变现的企业，也适用于没有数据，但希望通过数据增值服务或数据产品获利的企业，以及希望利用数据资产管理提升自身业务水平，并参与整个产业链的中小企业。企业管理数据资产就是通过管理数据生命周期，提高数据应用于生产实践的质量，促进数据在"内增值，外增效"两方面的价值变现。

[①] 中国信息通信研究院、CCSA TC601大数据技术标准推进委员会. 数据资产管理实践白皮书（3.0版）[EB/OL]. （2018-12-14）[2021-06-03]. http：//www.caict.ac.cn/kxyj/qwfb/bps/201812/t20181214_190696.htm.

　　数据资产管理的核心思路是把数据作为一种全新的资产形态，并以资产管理的标准和要求完善相关机制，充分融合业务、技术和管理，确保数据的保值增值。数据资产管理包括数据资源化、数据资产化两个环节。数据资源化是将原始数据转变为数据资源，使数据具有一定的潜在价值，是数据资产化的必要条件。数据资产化则是将数据资源转变为数据资产，使数据资源的潜在价值得以充分释放。数据资源化的工作重点是数据治理，数据资产化的工作重点是扩大数据资产的应用范围、显性化数据资产的成本与效益。

　　数据资产管理包括两个重要方面：一是数据资产管理活动职能，二是确保各项数据资产管理活动有效开展。活动职能是数据资产管理的基本管理单元，而保障措施是为了实现数据资产管理活动职能的辅助工作。数据资产管理贯穿数据采集、应用和价值实现等全生命周期。数据资产管理活动职能包括数据模型管理、数据标准管理、数据质量管理、主数据管理、数据安全管理、元数据管理、数据开发管理、数据资产流通管理、数据资产价值评估和数据资产运营管理等十个方面，其中前七个活动职能属于数据资源化范畴，后三个属于数据数字资产化范畴[①]（图6-1）。

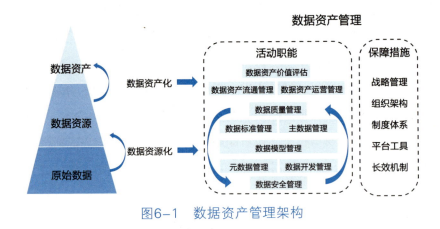

图6-1　数据资产管理架构

---

① 中国信息通信研究院、CCSA TC601大数据技术标准推进委员会. 数据资产管理实践白皮书（5.0版）[EB/OL]. [2021-01-10]. http：//www.databanker.cn/uploads/4/file/public/202201/20220110180526_dhs4jct3gp.pdf.

数据模型管理可以清晰地展现企业内部各种业务主体之间的数据相关性，便于不同部门的业务人员、应用开发人员和系统管理人员获得关于业务数据的统一完整视图。数据标准管理指数据标准制定和实施的一系列活动，完善的标准体系有助于打通数据互联互通底层功能，实现大数据平台的数据完整性、有效性、规范性，提升数据的可用性，为数据资产管理活动提供规范依据。数据质量管理是指通过规划、实施与控制等一系列活动，运用相关技术来衡量、提高数据质量。主数据[①]管理维护来自权威数据源、协调一致的高质量主数据，便于企业跨部门、跨系统融合应用。数据安全管理指设定数据安全等级，保证其被适当地使用，其目标是建立完善的体系化安全措施，全方位进行安全管控，通过多种手段确保数据资产在"存、管、用"等各个环节的安全，做到"事前可管、事中可控、事后可查"。元数据[②]管理是数据资产管理的重要基础，是为获得高质量、整合的元数据而进行的规划、实施与控制行为。数据开发管理是通过建立开发管理规范与管理体制，面向数据、程序、任务等处理对象，对开放过程和质量进行监控与管控，使数据资产管理的开发逻辑清晰化、开发过程标准化，增强开发任务的复用性，提高开发的效率。

数据资产流通管理是指通过数据共享、数据开放或数据交易等流通模式，推动数据资产在组织内外部的价值实现。对于具有公共属性的数据，在组织体系内部流通属于数据共享，如政府机构之间的数据交换；在组织体系外部流通属于数据开放，如公共数据向社会公众开放。对于具有私有（商品）属性的数据，在组织内部流通属于企业数据共享，如企业部门间的数据交换；在组织外部流通属于数据交易。目前，各地政府通过开放公共数据、支持数

---

① 主数据（Master Data）是指用来描述企业核心业务实体的数据，是跨越各个业务部门和系统的、高价值的基础数据。

② 元数据（Meta Data），通常被定义为数据的数据，或者描述数据的数据，如数据的内容、格式、结构、来源、权限、更新周期、准确性、发布者、责任者、采集方法等。

据交易所的建立等举措，鼓励和促进数据资产流通。例如，上海市于2014年出台年度"政府数据资源向社会开放工作计划"，并通过建设公共数据开放平台支持用户对数据集进行评分，并对平台的数据查询、数据获取、数据展示等功能提出建议。另外，大数据交易所、大数据交易平台或大数据交易中心等数据交易机构，是可信任的数据交易"中介"，为企业探索数据交易提供一个统一的可信任"窗口"。截至2022年8月，国内先后成立了48家由政府发起、指导或批准成立的数据交易机构。在企业层面，北京数粮信息科技有限公司旗下的大数据交易平台"数粮"（datasl.com）定位于大数据领域的流通平台，收录了"全网大部分优质中文数据资源"，包括免费共享的数据源和公开出售的数据商品。通过主动收录的商业模式，数粮初步完成了数据源的"集"；随着平台用户和数据商的日益增多，数粮致力于实现数据源的"散"，即数据的交易与流通。此外，鉴于数据流通领域尚未出台统一的技术标准和相关法律规范，数粮采用典型的电商结构，鼓励多元化的交付方式，加速数据流通。

数据资产价值评估管理是数字资产管理的关键环节，是数字资产化的价值基线。数据资产价值评估指通过构建价值评估体系，计量数据的经济效益、业务效益、投入成本的活动。国内相关组织和企业对数据资产价值评估积极进行探索探究。例如，2020年，国家标准化管理委员会发布了国家标准《电子商务数据资产评估指标体系》（GB/T 37550-2019）。阿里研究院在2019年发布了《数据资产化之路——数据资产的估值与行业实践》，分析了数据资产价值影响因素和5种评估方式，包括市场价值法、多期超额利润法、前后对照法、权利金节省法、成本法。

数据资产运营管理是数据资产管理实现价值的必要手段，需以用户为中心，为企业内外部不同层面用户提供相应数据价值，实现业务价值变现。数据资产运营管理是对数据资产的所有权、使用权和收益权等权益及相关活动进行管理的过程，包括产权登记、产权界定、资产购置、资产处置等，以及配套的评估、分析、统计、清查、监督等活动。

在城市数据资产运营管理领域，政府部门和互联网科技公司做了诸多尝试。例如，2019年，国家发改委培训（宣传）中心、CityDo集团联手打造的国内城市大数据运营价值链在浙江正式上线。企业方面，以中国电信为代表的通信运营商，基于数据资产运营形成标准化的产品，其大数据能力开放平台共有4000+计算节点，日数据处理能力达200TB，拥有海量数据分析和处理能力、数据生产过程调度和管控能力、资源动态管控能力和数据服务开放能力，可有力支撑政府和企业级的数据进行分析处理及开放共享，已形成风险防控、精准营销、区域洞察、智慧运营、大数据云PaaS五个系列16个子产品，覆盖金融、旅游、交通、政务、地产、数字营销等多个领域[①]。贵州数据宝网络科技有限公司是一家提供国有数据资产增值运营的服务商，其发布的"数据宝政务大数据解决方案"旨在通过数据治理、数据共享交换、数据应用、首长数字仪表盘四个环节，帮助政府打通各部门之间的数据孤岛，盘活数据资产，助力地方政府推进对大数据的实质性应用。

　　如何有效管理数据资产从而释放数据价值，是政府部门以及各行各业面对的重要课题。在持续推进数据要素市场建设的过程中，数据资产运营领域具有较大的发展空间。

[①] 中国信息通信研究院、TC601大数据技术标准推进委员会. 数据资产管理实践白皮书[EB/OL].（2018-12-14）[2021-06-03]. http：//www.caict.ac.cn/kxyj/qwfb/bps/201812/t20181214_190696.htm.

第二节　全新的数据资产生态体系

数据生态会因企业的不正当竞争而失衡，造成社会数据资源的非充分利用。数字经济时代，企业在掌握海量数据的同时，对市场的影响力不断加大。因此，构建全新的数据资源生态体系，必须专业管理与运营数据资源，推动其在合理价值评估的基础上进行交易。

数据要素在整个数据生态体系中的流通和应用依赖高效的运行机制，这一机制的搭建需要政府和市场各主体在透明、公开的基础上形成有效的分工。在现行的数据生态体系中，真正有效经营数据资产的主要是企业。数字技术赋能下，数据的获取、存储、管理和分析日趋便捷，尤其是处理和挖掘海量、异构、多类型数据的能力逐步提高，数据要素在企业生产经营中的价值日益凸显。以互联网产业为例，基于个人数据管理与运营，互联网平台更了解客户的喜好与需求，能为客户提供个性化定制的产品，并将企业创意通过创新性的产品和服务传递给客户。同时，这些非结构化数据在金融科技的助推下已成为金融机构风控数据的来源之一，促使数据价值跳出行业和领域的限制。

当下，经济社会各领域普遍重视挖掘数据价值。要实现对数据价值的深挖，就需要建立完整的产业链，推动数据融合利用。数据只有融合在具体的应用场景中才具备价值，才能成为数字中国建设的核心动力。但是，我们也需要认识到，数据生态圈的发展还有如下不足，阻碍对数据价值更深层次的挖掘。

第一，各数据源相互独立，形成一个个细分领域的子数据生态圈，彼此之间尚未打通，信息孤岛问题导致各个数据生态圈无法共享，数据的利用价值大幅降低。

第二，受制于安全和保密的要求，个人隐私信息必须进行数据脱敏，数据拥有者出于数据安全保密的顾虑而不愿意共享数据。因此，个人重要数据源难以共享，个人重要数据的价值也会大打折扣，致使可以服务生产的、可供流通的有价值的数据受到约束，部分有价值的数据仍只能在无法服务生产、无法发挥要素价值的生态圈中流通。

第三，针对数据生态圈中数据使用的监管仍有待完善。互联网科技企业在与传统金融机构协同推进，实现技术、场景与金融深度融合的同时，积累了海量数据，但数据的高度聚集会带来数据垄断和过度挖掘等问题。当前数据治理和监管仍有欠缺，会阻碍数据进一步共享和价值挖掘，以致数据使用大大受限。

在以上情况下，改善现有数据生态的重要手段就是对数据价值进行有效评估并推动其在市场上合法合规进行交易流通。我国的数据资产生态体系建设位居世界前列，不但拥有大量从事数据加工处理和数据资产管理等业务的大数据公司，还涌现了数据资产交易所，全社会的数据管理能力不断提升。在数字化时代，凡意识到数据价值的企业可能会配置首席数据官（CDO），首席数据官在我国数据资产生态体系建设中的重要作用不容忽视。本节将介绍我国数据资产交易所（平台）、数据资产评估公司、数据资产管理公司，以及从事数据加工和处理的大数据公司等，以此对我国全新的数据资产生态体进行深度分析。

一、数据资产交易所（平台）

数据交易的概念由来已久。1963年，诺贝尔经济学奖得主肯尼斯·阿罗就在《不确定性与医疗保健福利经济学》中提出数据交易的概念，并提出信任因素对于数据交易的重要意义。数据的交易是全新的交易，它不同于生活中的实物交易，数据的质量和价值很难被完全准确地评估。在数据交易中，买卖双方往往对数据的价值各执一词，导致数据交易的时间成本过高。同时，数据资源是一种特殊的时效品，其价值发挥易受制于时间效用。一般来说，随着时效性的降低，价格不断下跌，实时数据比以往数据的价格高。因此，实时在线的"活"数据是对大数据更好的诠释与解读。将数据不断实时更新并及时交易，才能避免数据的"僵尸化"和"静态化"，实现数据价值最大化。石油的储藏与延期交易并不会影响石油价值的后续发挥，但数据交易的迟延可能使数据价值永远无法实现。如果购买方无法准确预判数据对于其生产经营的价值，而数据卖方又难以通过有效的定价策略"测试"出购买方的最高意愿出价，更务实的做法是搁置争议，推动双方的信任合作，在交易流通与应用中及时释放数据价值，这也是数据有效交易的关键与核心。

为了满足经济体对于数据交易的需求并解决数据交易困境，各类数据交易平台相继建立，推动数据市场供需双方的高效匹配。中关村数海大数据交易平台是由中关村大数据交易产业联盟于2014年2月发起成立的全国首个大数据交易平台，成立之初就定位于盘活"数据资产"，为政府机构、科研单位、企业乃至个人提供数据交易和数据应用。同年12月，北京市经济和信息化委员会指导的、北京软件和信息服务交易所搭建的北京大数据交易服务平台正式上线。北京市经济和信息化委员会副主任表示，通过建设北京大数据交易服务平台，北京市将逐步打破"数据割据""数据孤岛"的不良发展局面。该交易平台致力于推动政府的政务类大数据经过"脱敏"处理后对外交易。

其他省份也不断有新的大数据交易所（平台）出现。贵阳大数据交易所于2014年12月底成立，2015年4月正式挂牌运营并完成首批大数据交易。贵阳大数据交易所也是国内少数持续运营的交易所，在交易规则制定方面走在大数据交易所前列。贵阳大数据交易所实行会员制，会员可以购买数据产品、数据报告等交易信息。其功能板块有各类数据源、不同领域的大数据应用和数据终端三大类。在发展模式的探索中，贵阳大数据交易所也走过弯路：挂牌成立之初，曾计划链接全国所有政府公开数据，并拟定于2016年底数据接入总量超过阿里巴巴的宏伟规划；到2019年贵阳大数据交易所的定位则转向打造国内首个数据需求在线撮合平台，满足合法合规的数据交易需求。

2020年9月，北京市宣布设立北京国际大数据交易所，并推出《北京国际大数据交易所设立工作实施方案》。2021年3月，北京国际大数据交易所成立，北京数据交易系统上线，打造区块链和隐私计算技术支持的全链条交易服务体系，为市场参与者提供数据清洗、供需撮合、法律咨询、价值评估、权属认证等服务。相较于以往成立的数据交易中心，北京国际大数据交易所是基于"数据可用不可见，用途可控可计量"新技术理念和新交易范式的数据交易所。

随着数据交易市场的蓬勃发展，第三方数据交易平台的市场定位日益综合化、服务化，逐渐由单一的居间服务商向数据资源综合服务商转型。目前，数据交易中介的发展还有些许障碍，如缺乏坚实的数据库支撑、供需不对称等，数据安全与流通的平衡、公益性与商业性的平衡都尚处博弈之中。诚然，数据交易中介的发展现状同最初的设想有一定差距，但在很大程度上依然发挥了疏通供需信息渠道、搭建交流合作平台的重要功效。此外，在数据交易中介的创建、发展和完善的过程中，各地政府充分发挥重要的引导、服务与推动作用。鉴于数据定价和交易的复杂性和不确定性，数据交易平台的产品创新和交易流程创新都要求较高，因此，需要充分地调动市场化组织和机构的积极性、主动性与创新活力。未来，第三方数据交易平台会进一步提升多类型数据处理和挖掘能力，建立和完善数据管理机制，提高数据流通的可信度与安全性，多元化激发数据要素价值。

2014-2022年，国内数据交易机构设立情况如表6-1所示。

表6-1　国内数据交易机构设立情况

时间		机构名称	
井喷期	2014年	中关村数海大数据交易平台 香港大数据交易所	北京大数据交易服务平台
	2015年	重庆大数据交易平台 武汉东湖大数据交易中心 西咸新区大数据交易所 华东江苏大数据交易中心 杭州钱塘大数据交易中心	贵阳大数据交易所 武汉长江大数据交易中心 交通大数据交易平台 河北大数据交易服务中心 华中大数据交易所
	2016年	哈尔滨数据交易中心 上海数据交易中心 亚欧大数据交易中心 南方大数据交易中心	丝路辉煌大数据交易中心 广州数据交易服务平台 浙江大数据交易中心
冷静期	2017年	青岛大数据交易中心 河南中原大数据图中心 （河南郑州）	河南平原大数据交易中心 （河南新乡）
	2018年	东北亚大数据交易服务中心	
	2019年	山东数据交易平台	
重启期	2020年	成都数据资产交易中心 山西数据交易平台 北京数据交易中心 安徽大数据交易中心	海南数字资产交易中心 北部湾大数据交易中心 中关村医药健康大数据交易平台
	2021年	香港数据资产交易所 内蒙古数据交易中心 贵州数据流通交易平台 华南数据要素交易平台 深圳数据交易所	北京国际大数据交易所 贵州数据流通交易平台 上海数据交易所 西部数据交易中心 合肥数据要素流通平台
	2022年	湖南大数据交易中心 无锡大数据交易平台 福建大数据交易所	江西大数据交易市场 广州数据交易所 郑州数据交易中心

表6-2　个人数据交易平台模式创新

类别	模式	案例
数据平台 C2B 分销模式[①]	用户把自己的个人数据贡献给数据平台，数据平台向用户提供一定数额的商品、货币、服务等对价利益	美国personal.com公司旨在打造一个将应用软件和结构化用户数据连接起来的交易平台，它允许用户拥有、控制其个人数据并从中获益。该公司用户可以存储个人数据并与他人共享，也可将个人数据的接入权卖给商业机构，从而实现个人数据的货币化，personal.com公司从交易额中抽取10%作为自己的收益
数据平台 B2B集中 销售模式	数据平台作为中间代理人，为数据提供方和数据购买方提供数据交易撮合服务，数据提供方、数据购买方都是经交易平台审核认证、自愿从事数据买卖的实体公司；数据提供方往往选择一种交易平台支持的交易方式对数据自行定价出售，并按特定交易方式设定数据售卖期限及使用和转让条件	我国数据堂、中关村大数据交易产业联盟、贵阳大数据交易所、中国互联网优质受众营销联盟（UMA）、大数据平台（DMP）等数据交易机构属于此类模式，如DMP只面向UMA联盟成员开放，倡导"空平台模式"下的数据交易，各个平台间免费互换数据，DMP只提供标签和数据处理模型，由企业自主决定哪些数据可以标记和共享
数据平台 B2B2C 分销集销 混合模式	数据平台以数据经纪商（data broker）身份，收集用户个人数据并将其转让、与他人共享	主要以安客诚（Acxiom）、Corelogic、Datalogix、eBureau、ID Analytics、Intelius、PeekYou、Rapleaf、Recorded Future等数据经纪商为代表。该模式目前已经形成相当大的市场规模，塑造了在美国数据产业中占据重要地位的数据经纪产业

---

① 马志刚. 数据交易发展模式之美国篇[EB/OL]. 2016-11-01. https://mp.weixin.qq.com/s/nDoCkDME5CBkGbt_uUIQ2Q.

二、数据资产评估公司

数据资产具有潜在价值，这一理念已经深入人心。但是，目前的数据资产同传统意义上会计准则中的无形资产仍难以有效区分。如果将数据资产纳入公司的财务报表，大多以无形资产的形式存在，数据价值多以历史成本法计算。实际上，鉴于数据具有的价值不尽相同，以及同样的数据在不同时间节点所具有的价值也不同，若以历史成本法衡量，数据资产可能被高估，也可能被低估。数字经济时代，无形资产在一些具有大数据特征的企业中所占的资产比重呈快速上升的趋势，而数据资产的市场化价值往往通过企业并购实现，并囿于并购方对于这些数据资产付出溢价的意愿。

对于互联网企业而言，数据价值具有重要意义。例如，活跃用户数以及用户日常交易活动形成的场景数据是影响互联网（移动互联网）企业估值的重要因素，也是企业持续挖掘用户价值的核心资源。尽管京东等头部互联网企业上市之初的财务报表长期处于亏损状态，但由于拥有数以亿计的活跃用户，以及这些用户形成的日常商品消费和支付数据，其估值一直居高不下。伴随经济体的全面数字化转型，影响企业价值的不再只是传统的固定资产，也包括数据这类无形资产，拥有大量有价值的用户数据，或者可以持续收集有价值的用户数据的公司应当享受溢价，而在体系内很难产生自身数据源的企业在数字经济时代可能面临估值下调的风险。

数据价值评估往往基于数据价值实现的载体（企业或淘宝店铺等线上商铺）估值，而对于载体的估值则包含了对其附属数据的估值。目前，对于这类数据的价值评估，还处于早期研究阶段。

本书第四章已详细分析了数据定价机制缺失的原因，而数据价值评估的困难与数据定价机制的缺失正是同一个问题在两个维度的体现。因此，数据价值评估所面临的挑战也应从其内部原因和外部原因两个层面分别探讨。一方面，随着技术迭代不断加快，大数据数量巨大、结构复杂、产生速度快的特质，以及大数据价值的不确定性、稀缺性与多样性，构成价值评估与定价困难的现实障碍；另一方面，卖方主导市场下的信息不对称问题、数据权属界定不明和数据泄露等安全问题，在致使传统的定价方法失效的同时，加剧了数据价值评估的难度。

尽管数据资产评估有相当大的难度，但企业亟须变数据为可视、可控的资产，避免泄露并使其保值增值；日益常态化的数据流通，尤其在全球化背景下，数据跨境交易已呈常态化趋势，更需要权威的评估来确保数据流动的有序与安全。因此，对数据资产进行有效评估并建立客观、权威的数据资产评估体系，是引领数字经济发展的必要途径。鉴于数据资产评估是数据流通中首要且必要的环节。许多数据资产交易所成立了专业的数据资产评估公司，以便进行数据资产登记确权、数据资产盘点、数据资产整合、数据资产评估等业务。例如，贵阳大数据资产评估中心、中关村数海数据资产评估中心、内蒙古数据资产评估中心等。它们为企业提供数据资产抵押贷款、数据资产证券化等服务，解决数据资产确权与估值的难题，促进数据流通的安全高效，更好地释放大数据在数字中国建设中的创新势能。

🔖 **知识链接** -

数据资产评估的内在逻辑

—— 以淘宝店铺的数据估值为例[①]

淘宝是阿里巴巴集团设立的B2C购物平台。淘宝店铺同线下商铺的性质没有很大区别，均可认为是一个公司，只不过从形式上看，是线下实体商铺转移到线上数字商铺。因为线上经营的淘宝店铺并不具备任何实体形

[①] 德勤中国，阿里研究院. 数据资产化之路：数据资产的估值和行业实践[EB/OL]. [2020-07-31]. http：//www.sgpjibg.com/baogao/10048.html.

态，在现行法律体系下，淘宝店铺一直无法作为一项资产进行确权。但是由于各个店主经营策略不断提高，店铺流量不断提升，新型"数据资源"的价值也水涨船高。对此类淘宝店铺进行数据资产评估，可以使其在"店铺转让""数字财产分割"等相关司法诉讼中作为一项"财产"，发挥应有的价值。

对淘宝店铺进行估值有以下三个环节：确定影响淘宝店铺价值的因素，识别价值影响因素与资产，分析探讨淘宝店铺价值。

首先，在确定影响淘宝店铺价值因素环节，购买者往往关注该店铺的好评率、店铺等级、客户数量、订单信息、消费者黏性等因素。

其次，在识别价值影响因素与资产环节，以无形资产的定义以及店铺的价值驱动因素为评判标准，淘宝店铺资产主要是店铺因素（品牌）和客户关系（数据资产）两个方面。其中，店铺因素（品牌）主要包括店铺的店名和等级，这些是吸引新客户、留住老客户的重要因素。在客户关系（数据资产）方面，以往线下实体店铺无法将客户关系作为一项资产，因为虽然客户在该店铺购买产品，但是店铺无法通过消费数据掌握客户个人信息，无法进一步精准营销；而淘宝店铺则可以依靠数据载体维系与客户的关系，并进行精准营销，这也成为店铺流量增长的重要驱动力。同时，众多消费者也更多地通过其他消费者的相关数据来决定是否在该店铺消费，而非单一地关注店铺本身。

最后，在分析探讨淘宝店铺的价值环节，对店铺因素（品牌）和客户关系（数据资产）分别估值，进而得到淘宝店铺的总价值。

数字店铺（资产）的价值是品牌与数据的叠加。淘宝店铺品牌属于传统的无形资产，对其进行资产评估可以沿用传统方法，比如多期超额收益法或者权利金节省法。当数据成为客户关系的载体后，二者便具有较高的重叠性。值得注意的是，客户关系的价值通常被认为具有期限性并且呈不断下降的趋势。同样，消费者数据也具有一定的期限，当收集到的消费者数据对应的消费主体逐步流失后，这些数据载体的价值也将相应下降。此时，也可以将传统评价客户关系的方法应用到数字店铺。不过现实中，除现有的消费者数据外，对淘宝店铺的价值评估还需考虑其持续获得更多消费者数据的能力。

三、数据资产管理公司

企业在拥有海量数据后，如若不能对其进行有效管理，就无法发挥数据价值，因此，数据资产管理能力是企业的核心竞争力之一。企业汇聚海量数据需消耗一定成本，如若缺乏合理的数据资产管理，会在享受大数据红利之前便因获取和存储数据的成本负担过重而出现现金流压力，影响公司正常运转。对于大多数实体企业而言，在数字化转型中，完善数据治理和推动数据资产化是必然的选择。但是，这并不意味着企业一定要独自进行数据资产管理。对于大多数企业而言，配置专业的数据管理团队的成本过高且效率过低，因此，专业化的数据资产管理公司便成为市场所急需的机构。

专业的数据资产管理公司主要从事三项业务：数据资产的分析、治理和应用。

第一，数据资产分析包括数据理解和推理、数据资产评估两部分。数据理解和推理主要通过知识图谱、数据可视化等方式帮助企业对相关数据有更深刻的理解和把握；数据资产评估是通过科学有效的方法对数据资源进行合理的价值评估，并得到市场认可。

第二，数据资产治理包括数据现状分析、问题诊断、治理优化、效果反馈等。利用治理工具，制定治理方法和策略，明确数据权属和数据治理各利益相关者责权，完善数据治理质量的反馈与改善流程，从而形成面向治理领域的数据治理闭环。治理工具的特点是智能化、自动化的数据治理一站式分析。数据治理方法和策略是以个体治理带动全局优化，通过逐级细分、多维度组合形成数据治理闭环，最终通过沉淀优化治理规则来丰富完善治理领域。

第三，数据资产应用是分析和治理后的最终环节。数据资产应用打通全链路体系，保证数据从获取、分析到应用的全链路数据不受阻断。同时，数据资产应用以产品的方式呈现给各企业或其他主体，展现全链路的数据逻辑、数据规则和数据关系，明晰最终数据的来龙去脉。

通过数据资产分析、治理和应用的环节，专业的数据资产管理公司将企业数据管理从成本中心逐步过渡到资产中心。而数据资产管理的标准化，也可以更好地激励企业致力于数据资产的建设、维护和管理。

🖉 知识链接 ------------------------------------

国信优易数据股份有限公司

国家信息中心于2015年发起成立科技平台型企业国信优易数据股份有限公司，该公司是我国较早的数据资产公司之一，主要业务为以数据管理服务政府机构、企业运营和智慧城市建设。

一、数字政府

国信优易数据股份有限公司帮助各级政府搭建数字平台，包括政府内部运行的数字平台、营商环境评价改善平台、社会治理平台、政务服务平台和"AI+"平台。政府内部运行的数字平台意在加强各部门人员的协作和工作效率，使信息传递更加精准高效，及时掌握各行政区的社会经济运行状况，不断提升政府科学决策的能力。营商环境评价改善平台主要是为了满足政府优化营商环境的需求。营商环境评价改善平台基于世界银行等国际组织和国家发展改革委的营商环境评价指标体系并将其数字化，与当下营商环境系列数据指标进行可视化对比，直观地展现营商环境的发展现状、存在的不足和治理对策等，同时通过该平台综合考核政府部门的作为，以促进政企合力推动营商环境改善。社会治理平台主要是联合政府及市场各主体共同形成良好的社会治理生态，并对社会治理问题、潜在风险进行分析识别，形成社会治理生态圈的闭环。基层政务服务平台推进行政审批数字化，不断减少群众线下办理业务的环节，提高行政审批的数字化进程。"AI+"是数字政府的新形式，主要有"AI+文件""AI+审计"等，不仅节省人力成本，也提高了政府服务效率。

二、数字企业

数字化高速发展推进企业的业务创新和经营创新，也帮助企业"减负"，轻装上阵。国信优易数据股份有限公司致力于用数字化手段提升企业经营效率。受新冠疫情影响，线上办公飞速发展，逐渐成为常见的办公形式之一。国信优易数据股份有限公司搭建企业数字化管理平台——易道。该平台致力于为企业提供智能办公、移动办公、数据智能运营、专有云等一体化的线上办公解决方案。其中，以金融企业为例，国信优易数据股份有限公司创建了慧数金融大数据应用、易企信等平台，为金融行业提供风险防控等领域的解决方案，也为监管机构提供高效的数据监管途径。

三、数字城市

国信优易数据股份有限公司创建了精准招商平台、产业经济地图平台、统计大数据平台、全域感知平台、公共服务平台等，助力数字城市建设。精准招商平台以多维度大数据为基础，以数据分析为核心技术，服务招商园区，推动园区建设，促进高质量招商引资。产业经济地图平台的核心是服务区域经济更好更快发展，推动区域产业转型升级，打造区域核心产业品牌，加大城市核心竞争力。统计大数据平台针对统计系统的业务需求，进行城市大数据分析和可视化分析决策，以此作为政府治理决策的重要参考。全域感知平台是指以互联网技术为核心，融合大数据、芯片、AI等技术，链接多类型感知终端并开展多维度智能分析，实时、精准掌握城市全域运行状态，实现设施管理、数字监测、智能分析等服务。公共服务平台则整合政务、城市和第三方合作资源，专注于为企业提供公共信息服务、物业服务、配套服务等综合服务。

四、从事数据加工和处理的大数据公司

很多数字科技企业本身就拥有强大的数据加工能力。数据往往来自公司的不同业务部门，或者来自不同公司，经过数据整合加工后，才形成整个公司或者整个行业的大数据。以互联网企业北京字节跳动科技有限公司为例，字节跳动开发的一款基于数据挖掘的推荐引擎产品——今日头条，其加工数据的方式叫作"协同过滤"，也被称为"相似关联"。具体地说，就是A用户通过今日头条浏览了某个行业、某个领域的新闻信息，系统就会为该用户贴上不同的标签，包括"是否喜欢某位明星""是否喜欢车""是否喜欢看NBA"等。而如果B用户与A用户的浏览记录相似，拥有相似的标签，系统就会将A用户浏览的新闻自动推送到B用户的页面，整个过程是通过相似行为进行的关联推荐。

这种"协同过滤"的加工方式较为简单、清晰，并且有较强的可复制性，目前大多数新闻门户类资讯平台采取这种方法。值得一提的是，该方法因为数据加工较为简单，会面临很大的用户拓展困境。比如，A用户经常看NBA，但一般情况下，该用户不可能只对NBA感兴趣，与其他兴趣爱好相关的内容无法及时在A用户的页面展现出来，很容易让用户陷入自身"兴趣爱好"的信息茧房。同时，由于数据获取的手段有限，平台在其他领域拓展方面也相对困难。

因此，数据加工发展出另一种数据加工方法——"隐式搜索"，该方法的核心是搜索。例如，A用户在某个客户端网站上搜索了"NBA"字样，此客户端就会通过隐式搜索算法推送关于"NBA"的数据信息，这一过程也是获取A用户的数据信息的过程。与"相似关联"不同的是，"隐式搜索"的拓展范围更大。因为不同的人搜索相同的关键词有不同的目的，在不同的时间搜索相同的关键词也有不同的原因，所以一定程度上拓展了关键词的范围，不再让用户陷入自身兴趣爱好的信息茧房。

与以上两种数据加工不同的数据加工方法是利用"社群+大数据",这也是算法的发展趋势。其对待加工数据的要求是达到"矩阵"规模,目前,只有我国少量数字科技企业在使用这种模式。

数据的加工和处理能力是大数据公司延伸到数据资产管理领域的必要技术能力。市场上也出现了大量独立的大数据公司,专门从事数据加工和处理业务。例如,腾讯入资的大数据领军企业北京东方金信科技有限公司(以下简称"东方金信"),其核心产品涵盖大数据产业链的数据采集、存储、管理、计算、分析、挖掘、应用与展示的全部环节,不仅可对异质行业的多类型数据进行整合,还具有高性能的海量数据处理能力,并拥有可靠可信的安全管理机制和丰富多样的图形化交互界面,为企业客户提供便捷、高效、精准的一站式/分布式"大数据+人工智能"解决方案。入资后,腾讯云与东方金信在大数据生态领域建立全面的战略合作伙伴关系,双方致力于开发大数据产品和制订解决方案的紧密合作,积极研发与政务、金融、工业等行业大数据适配的解决方案和模型,充分发挥各自优势,打造全渠道、全链路的一站式服务,共同助力客户数字化解决方案,共建大数据领域生态体系。

一些从事数据加工和处理业务的企业也在一定程度上介入征信。征信本质上是一种数据服务,为新兴金融科技企业提供相关服务。以美国硅谷金融科技公司Nav为例,其作为一个提供互联网征信服务的新兴科技公司,专门服务小微企业。Nav与40多个顶级信用信贷机构和信用卡机构合作,为小微企业提供免费的信用报告和信用评分。不同于一般的征信服务分销商,Nav没有核心的征信产品,也不为用户提供放贷服务,其通过网站和App平台提供免费的个人和企业信用报告,并利用自助式工具来帮助企业建立信用档案,给小微企业推荐合适的金融产品,基于小微企业主当前的信用状况预测申请信贷的批准通过率。Nav还提供一些小微企业信贷审批和利率计算预测服务,根据小微企业的信用情况,评估其是否能够获得贷款以及贷款的利率如何。基于自身的数据加工和处理能力,Nav已经帮助数十万小微企业经营主获得融资,提高其获得银行贷款批准的可能性。

五、首席数据官

首席数据官（CDO）是随着数字经济兴起而诞生的新兴管理者。如果企业没有设置首席数据官这一职位，一般将数据管理分摊到各个部门，这种做法将导致企业的数据管理呈现碎片化、片面化的局面，缺乏一个专业人士站在宏观角度为公司的业务发展作出决策。一般情况下，互联网、金融等密集使用数据的公司对首席数据官的需求较大。CDO的主要职责是根据公司业务需求统筹数据挖掘、处理和分析，并直接向公司决策者汇报相关数据分析处理结果，对公司发展提出相应意见和建议。对于企业信息资产，CDO需要对企业数据和信息进行高效处理，通过智能分析，使其成为更有价值的企业资源，而不仅仅将其视为产品。对数据的有效管理能生产更高质量的数据资源，相关的经营和业务数据也更易追踪，还能大幅度降低企业的内部审核和监控成本，有效提升企业经营的监管合规性。CDO不仅加强公司的数据管理，而且在一定程度上降低企业生产和经营风险。

在首席数据官制度形成之前，企业中与之最相近的职务是首席信息官（CIO），负责一个公司信息技术和系统所有领域。事实上，首席数据官的兴起已经给首席信息官这一职位存在的必要性带来了严峻挑战。[①]高德纳咨询公司分析师认为，CIO很可能会被CDO所取代，并指出，"大多数CIO被纷繁芜杂的技术所干扰，他们过分迷信技术，甚至已经忘记CIO头衔中'I'的重要性了"。澳大利亚分析公司IBRS分析师同样认为，CIO职能太过臃肿，"CIO一直过于关注企业基础设施建设部分，而实际上，CIO更应帮助企业或机构充分利用信息资产，包括如何高效分析和组织相关通信技术、基础设施、支持工具，以及如何更好维护和利用客户信息等"。尽管美国期刊《勘探前言》

---

① 李肖. 首席信息官将被首席数据官取代？[EB/OL].（2016-03-17）[2022-04-23]. http：//www.d1net.com/cio/cionews/402919.html.

的数码顾问表示，"对于CIO时代已经结束的言论，该趋势被过分夸大了"。高德纳副总裁认为，尽管CIO本身并不会受到威胁，但由于身兼数职的CDO和云计算的崛起，最终将使CIO的职能覆盖面大幅缩减。

美国企业配置首席数据官的实践可以追溯到20世纪80年代。以花旗集团为例，2006年2月，其旗下投行公司（CIB）任命在多家企业拥有20年数据管理经验的约翰·波特加作为公司历史上首位CDO，统筹负责公司的数据管理工作。其工作职责涵盖规划和管理CIB数据的发展策略、相关政策、部属职能及投资方向等诸多方面，并同花旗集团的数据理事会、花旗集团投行公司技术部门合作，优化集团公司的数据管理结构。任职期间，波特加设定了公司的数据管理改进战略和实施路线图，在其领导下，CIB通过改进数据质量等相关举措降低了巴塞尔新资本协议下的资本风险敞口，提升了公司的利润空间。2008年美国次贷危机后，更多国际大银行和保险公司设立了首席数据官这一职位，以保证监管、风险管理以及分析报告的数据质量及透明度。

由专人负责数据治理和数据运营的情况在我国数字企业中也较为常见，在电子商务行业更是标配，但企业高管中明确设立首席数据官的并不多。2012年7月10日，阿里巴巴集团宣布，将在集团管理层面设立首席数据官岗位。首席数据官负责全面推进阿里巴巴集团成为"数据分享平台"的战略，即负责规划和实施未来数据战略，积极推进支持集团各事业群的数据业务发展。阿里巴巴B2B公司CEO陆兆禧出任上述职务，向集团CEO直接汇报，成为我国企业界的第一位首席数据官。阿里巴巴集团设立CDO，主要是因为集团内部就"将阿里巴巴集团变成一家真正意义上的数据公司"这一目标形成了战略共识，如何挖掘、分析和运用支付宝、淘宝、阿里金融、B2B的数据，并推动数据分享，是该战略的核心所在。2013年5月10日，陆兆禧被任命为阿里巴巴集团CEO，从用人角度可见，阿里巴巴集团这样的头部电商极其重视数据管理。

但是并非所有互联网公司都设立了这一职务。京东只在其大数据研究院设置首席数据官职位，岗位职责更偏首席数据分析师职务的定位，目标在于推动面向社会的数据分享，而非统筹集团数据资源。360数科（2023年2月更名为"奇富科技"）设立了首席数据科学家的职务，相关职责更偏向风控模型的构建等技术职能，以推动相关数据在业务拓展中的应用为目标，并未承担数据的管理职能。此外，走在智能制造领域前列的海尔集团在2019年建立数据平台管理部，推进集团数据治理、数据决策及增值、数据技术交付、数字化风险管控等措施的落地。

设置数据管理部门已然成为诸多实体企业在努力推动数字化转型中的重要抉择，但整体而言，目前在公司集团层面仍面临缺乏专职高管统筹管理的发展困境。

非接触经济、线上经济的飞速发展促使企业重新审视数字化的重要价值，并深刻意识到数字化转型是企业高质量发展的重要基石。面对海量、异构、多类型数据的高难度管理，越来越多的企业会将数据管理纳入推动企业高质量发展的重要战略层面。基于数据的商业模式变革，实现数据驱动的数字化转型，CDO将成为我国数字经济新兴企业和全力开展数字化转型的传统企业的标配。

第七章

—

数据要素市场建设中的"有为政府"

第一节　政府对大数据的政策支持

数据要素市场在全球范围内都是全新的，我国在建设数据要素市场中的最大优势就是制度优势。党中央、国务院出台相关政策支持大数据产业的发展，各地方政府坚决贯彻党中央的精神，认真落实国务院发布的各项指导意见，相应出台了大量支持地方大数据发展的政策。通过实施一系列政策措施，我国已成为全球数据要素市场发展最为活跃、最具潜力、环境最好的国家之一。[①]

一、国家对于大数据产业的支持

党中央、国务院高度重视在推进经济社会发展进程中大数据的地位和作用。2013年11月，党的十八届三中全会强调，全面深化改革的总目标是完善和发展中国特色社会主义制度，推进国家治理体系和治理能力现代化。大数据的出现为推进国家治理体系和治理能力现代化提供了新的技术途径和手段，催生了政府的行政、监督和服务等方面的革命性转变。2014年，"大数据"第一次出现在国务院政府工作报告中，之后，大数据产业成为备受关注的重点领域。

为加快推动大数据产业的发展，规范和推动行业数据融合、开放应用，

---

① 辰昕,刘逆,韩非池. 积极培育壮大数据产业[N].人民日报，2021-03-17（9）.

加快经济数字化转型，国务院及各部委先后出台多项政策。工业和信息化部2021年11月30日发布《"十四五"大数据产业发展规划》，提出着力推动数据资源高质量、技术创新高水平、基础设施高效能，围绕构建稳定高效产业链，着力提升产业供给能力和行业赋能效应，统筹发展和安全，培育自主可控和开放合作的产业生态，打造数字经济发展新优势，为建设制造强国、网络强国、数字中国提供有力支撑。在以上指导思想基础上，进一步明确了"十四五"期间大数据产业发展的基本原则、发展目标、主要任务和保障措施等内容。

2019年，党的十九届四中全会通过了《中共中央关于坚持和完善中国特色社会主义制度　推进国家治理体系和治理能力现代化若干重大问题的决定》，首次提出数据作为生产要素参与市场分配的机制。2020年颁布的《关于构建更加完善的要素市场化配置体制机制的意见》，正式确定将数据纳入主要生产要素的范畴，并明确提出数据要素市场制度建设的方向和重点改革任务。

2022年12月，中共中央、国务院对外发布了《关于构建数据基础制度更好发挥数据要素作用的意见》，又称"数据二十条"。"数据二十条"提出构建数据产权、流通交易、收益分配、安全治理等制度，初步形成我国数据基础制度的"四梁八柱"。"数据二十条"的出台，有利于充分激活数据要素价值，赋能实体经济，推动高质量发展。2023年2月，中共中央、国务院印发《数字中国建设整体布局规划》，从党和国家事业发展全局和战略高度，提出了新时代数字中国建设的整体战略，明确了数字中国建设的指导思想、主要目标、重点任务和保障措施，再次强调释放商业数据价值潜能，加快建立数据产权制度，开展数据资产计价研究，建立数据要素按价值贡献参与分配机制。

我国大数据发展相关政策见表7-1。

表7-1　大数据发展相关政策

日期	政策	主要内容
2013年4月	关于进一步加强政务部门信息共享建设管理的指导意见	根据政务部门履行职能和解决社会问题的实际业务需求，确定共享信息的范围和内容，切实实现信息共享。政务部门要按照一数一源、多元校核、动态更新的要求，采集和处理各类政务信息，确保共享信息的真实性、准确性和时效性
2015年7月	国务院关于积极推进"互联网+"行动的指导意见	鼓励经济社会各领域与互联网的创新成果深度结合，支持鼓励互联网+创新创业、互联网+农业、互联网+益民等服务
2015年7月	关于运用大数据加强对市场主体服务和监管的若干意见	以社会信用体系建设和政府信息公开、数据开放为抓手，进一步优化发展环境
2015年8月	促进大数据发展行动纲要	从具备容量大、类型多、存取速度快、应用价值高等特征的大数据中，发现新知识、创造新价值、提升新能力的新一代信息技术和服务业态
2016年1月	关于组织实施促进大数据发展重大工程的通知	重点推进数据资源开放共享，推动大数据基础设施统筹，打破数据资源壁垒，深化数据资源应用，积极培育新兴繁荣的产业发展新业态
2016年2月	关于全面推进政务公开工作的意见	稳步推进政府数据共享开放，充分利用新闻发布会和政策吹风会进行政策解读，加快推进"互联网+政务"，强化政府门户网站信息公开第一平台作用
2016年3月	生态环境大数据建设总体方案	推进大数据与生态环境治理的融合，高度肯定大数据在推进生态文明建设中的作用
2016年6月	关于促进和规范健康医疗大数据应用发展的指导意见	夯实健康医疗大数据应用基础，规范和推动健康医疗大数据融合共享、开放应用
2016年7月	关于促进国土资源大数据应用发展的实施意见	大力推动大数据在国土资源工作中的创新应用，促进国土资源治理能力现代化
2016年7月	关于加快中国林业大数据发展的指导意见	在2020年之前实现林业数据资源整合共享，提高林业精准决策能力，实现生态智慧共治，形成林业信息技术自主创新体系的发展目标

日期	政策	主要内容
2016年8月	关于推进交通运输行业数据资源开放共享的实施意见	通过3—5年时间，实现以下目标：①建立健全行业数据资源开放共享体制机制，基本建成协调联动、高效运转的行业数据资源管理体系；②完善行业数据资源开放共享技术体系，建立互联互通的行业数据资源开放共享平台
2016年10月	农业农村大数据试点方案	为了试点示范扎实推进农业农村大数据发展和应用，原农业部定于2016年起在北京等21个省（区、市）开展农业农村大数据试点
2016年10月	"健康中国2030"规划纲要	加强健康医疗大数据体系建设，推进基于区域人口健康信息平台的健康医疗大数据开放共享
2016年12月	大数据产业发展规划（2016—2020年）	以强化大数据产业创新发展能力为核心，以推动数据开放与共享、加强技术产品研发、深化应用创新为重点，以完善发展环境和提升安全保障能力为支撑，打造数据、技术、应用与安全协同发展的自主产业生态体系，全面提升我国大数据的资源掌控能力、技术支撑能力和价值挖掘能力，加快建设数据强国，有力支撑制造强国和网络强国建设到2020年，技术先进、应用繁荣、保障有力的大数据产业体系基本形成。大数据相关产品和服务业务收入突破1万亿元，年均复合增长率保持30%左右，加快建设数据强国，为实现制造强国和网络强国提供强大的产业支撑
2017年1月	"十三五"全国人口健康信息化发展规划	大力加强人口健康信息化和健康医疗大数据服务体系建设，推动政府健康医疗信息系统和公众健康医疗数据互联融合、开放共享，消除信息壁垒和孤岛，着力提升人口健康信息化治理能力和水平，大力促进健康医疗大数据应用发展，探索创新"互联网+健康医疗"服务新模式、新业态
2017年5月	关于推进水利大数据发展的指导意见	在水利行业推进数据资源共享开放，促进水利大数据发展与创新应用

续表

日期	政策	主要内容
2017年8月	"十三五"国家政务信息化工程建设规划	进一步强化系统理论思想，统筹构建一体整合大平台、协同联动大系统、共享共用大数据，推进技术融合、业务融合和数据融合
2017年9月	智慧城市时空大数据与云平台建设技术大纲（2017版）	加快智慧城市时空信息云平台建设试点，指导开展时空大数据和时空信息云平台构建，鼓励其在城市规划、市政建设与管理、国土资源开发利用、生态文明建设以及公众服务中的智能化应用，促进城市科学、高效、可持续发展
2017年9月	关于深入开展"大数据+网上督察"工作的意见	充分运用好大数据、人工智能等科技信息化手段深化网上督察工作，不断提升警务督察效能
2017年12月	关于加快推进智慧城市时空大数据与云平台建设试点工作的通知	提出2012年开展智慧城市试点以来发现的"充分认识时空大数据与云平台建设的重要性""明确主要目标"等十五个有关问题，加快推进智慧城市建设和数字城市推广应用
2017年12月	信息安全技术个人信息安全规范（GB/T 35273-2017）	针对个人信息面临的安全问题，规范个人信息控制者在收集、保存、使用、共享、转让、公开披露等信息处理环节中的相关行为
2018年3月	关于加快推进交通旅游服务大数据应用试点工作的通知	推动交通旅游服务大数据应用试点有序开展，防止试点同质化、碎片化
2018年9月	国家健康医疗大数据标准、安全和服务管理办法（试行）	加强健康医疗大数据服务管理，促进"互联网+医疗健康"发展，充分发挥健康医疗大数据作为国家重要基础性战略资源的作用
2018年10月	工业和信息化部办公厅关于公布2018年大数据产业发展试点示范项目的通知	确定200个2018年大数据产业发展试点示范项目

续表

日期	政策	主要内容
2019年5月	数据安全管理办法（征求意见稿）	为维护国家安全、社会公共利益，保护公民、法人和其他组织在网络空间的合法权益，保障个人信息和重要数据安全，国家互联网信息办公室发布系列数据安全的管理办法
2019年10月	中共中央关于坚持和完善中国特色社会主义制度 推进国家治理体系和治理能力现代化若干重大问题的决定	健全劳动、资本、土地、知识、技术、管理、数据等生产要素由市场评价贡献、按贡献决定报酬的机制。将数据确立为一种生产要素
2020年2月	关于做好个人信息保护利用大数据支撑联防联控工作的通知	积极利用大数据，分析预测确诊者、疑似者、密切接触者等重点人群的流动情况，为联防联控工作提供大数据支持
2020年3月	工业和信息化部办公厅关于公布2020年大数据产业发展试点示范项目名单的通知	确定"中色非洲矿业有限公司基于大数据的金属矿山智能管控新模式"等200个项目为2020年大数据产业发展试点示范项目
2020年4月	关于构建更加完善的要素市场化配置体制机制的意见	数据正式纳入主要生产要素范畴，与传统的土地、技术、劳动、资本等并列，并明确提出了数据要素市场制度建设的方向和重点改革任务
2020年5月	关于新时代加快完善社会主义市场经济体制的意见	加快培育发展数据要素市场，建立数据资源清单管理机制，完善数据权属界定、开放共享、交易流通等标准和措施，发挥社会数据资源价值；加快明确交易规则、建设数据市场的步伐
2020年5月	关于工业大数据发展的指导意见	为激发工业数据要素潜力，全面提升工业大数据产业发展水平，提出了6个方面18项重点任务：一是加快数据聚集，二是推动数据共享，三是深化数据应用，四是完善数据治理，五是强化数据安全，六是促进产业发展

续表

日期	政策	主要内容
2020年10月	信息安全技术　个人信息安全规范（GB/T 35273-2020）	针对个人信息面临的安全问题，根据《中华人民共和国网络安全法》等相关法律，规范个人信息控制者在收集、储存、使用、共享、转让、公开披露等信息处理环节中的相关行为
2020年12月	关于加快构建全国一体化大数据中心协同创新体系的指导意见	到2025年，全球范围内数据中心形成布局合理、绿色集约的基础设施一体化格局。大数据协同应用效果凸显，全国范围内形成一批行业数据大脑、城市数据大脑，全社会算力资源、数据资源向智力资源高效转化的态势基本形成，数据安全保障能力稳步提升
2021年3月	工业数据分类分级指南（试行）	工业数据分类分级以提升企业数据管理能力为目标，坚持问题导向、目标导向和结果导向相结合，企业主体、行业指导和属地监管相结合，分类标识、逐类定级和分级管理相结合
2021年5月	全国一体化大数据中心协同创新体系算力枢纽实施方案	按照绿色、集约原则，加强对数据中心的统筹规划布局，结合市场需求、能源供给、网络条件等实际，推动各行业领域的数据中心有序发展
2021年6月	中华人民共和国数据安全法	法案内容共7章55条，提出国家对数据实行分类分级保护、开展数据活动必须履行数据安全保护义务承担社会责任等
2021年8月	中华人民共和国个人信息保护法	法案内容共8章74条，提出要保护个人信息权益，规范个人信息处理活动，促进个人信息合理利用
2021年9月	工业和信息化部办公厅关于公布2021年大数据产业发展试点示范项目名单的通知	确定"基于大数据的汽车生产数字化平台"等204个项目为2021年大数据产业发展试点示范项目
2021年11月	"十四五"大数据产业发展规划	提出到2025年底，大数据产业测算规模突破3万亿元，年均复合增长率保持在25%左右，创新力强、附加值高、自主可控的现代化大数据产业体系基本形成

续表

日期	政策	主要内容
2022年7月	数据出境安全评估办法	规定了数据出境安全评估的范围、条件和程序，为数据出境安全评估工作提出了具体指引
2022年9月	关于公布2022年大数据产业发展试点示范项目名单的通知	确定209个项目为2022年大数据产业发展试点示范项目
2022年10月	关于民航大数据建设发展的指导意见的通知	按照"业务数据化，数据业务化"发展要求，构建"366"（3个导向、6个方向、6个靶向），加快完善民航大数据治理体系和管理服务体系，充分发挥民航大数据在指挥民航建设中的基础作用和乘数倍增效应
2022年10月	全国一体化政务大数据体系建设指南	2023年底前，全国一体化政务大数据体系初步形成，基本具备数据目录管理、数据归集、数据治理、大数据分析、安全防护等能力，数据共享和开放能力明显增强，政务数据管理服务水平明显提升 到2025年，全国一体化政务大数据体系更加完备，政务数据管理更加高效，政务数据资源全部纳入目录管理
2023年2月	数字中国建设整体布局规划	数字中国建设按照"2522"的整体框架进行布局，即夯实数字基础设施和数据资源体系"两大基础"，推进数字技术与经济、政治、文化、社会、生态文明建设"五位一体"深度融合，强化数字技术创新体系和数字安全屏障"两大能力"，优化数字化发展国内国际"两个环境"

　　整体来看，国家支持大数据产业发展的政策多与国计民生息息相关，覆盖生态环境、健康医疗、水利工程和交通旅游等诸多领域。同时，国家还积极探索大数据加强对市场主体的服务和监管、促进国土资源治理能力现代化、促进农业农村发展以及数字中国建设等。为更好地促进数据资源在各领域的

开放应用，打破信息壁垒，党中央积极出台相关政策，加快政府信息公开平台整合，大力推动政府信息系统与公共数据互联互通，推进数据资源向社会开放。这些政策旨在发挥社会数据资源的价值，推进数据与实体产业深入融合的创新发展，全面提升我国大数据的资源掌控能力、技术支撑能力和价值挖掘能力，加快建设数据市场、数据强国。建设数字中国是数字时代推进中国式现代化的重要引擎，是构筑国家竞争新优势的有力支撑。加快数字中国建设，对全面建设社会主义现代化国家、全面推进中华民族伟大复兴具有重要意义和深远影响。

二、地方政府对于大数据产业的支持

在党中央、国务院以及相关部委对于大数据产业的大力支持下，为了加快实现产业转型升级和区域经济创新发展，各省（自治区、直辖市）都加强了政府在数据要素市场建设中的作为。尤其在各省级政府工作报告中，"大数据"一词不断出现。图7-1为2012—2022年省级政府工作报告中"大数据"出现频次图。[①] 图中折线展示"大数据"关键词在政府工作报告中出现的省份数量，柱形展示"大数据"关键词在各省政府工作报告中出现的平均次数。从图中可看出，2013年以来，省级政府工作报告开始出现"大数据"关键词；2018年，内地31个省（自治区、直辖市）政府工作报告全部出现"大数据"关键词，"大数据"关键词在政府工作报告中出现的平均次数达到4次以上。此后，由于发展大数据产业已经成为基本共识，"大数据"关键词在政府工作报告中的出现频率有所下降，但仍被各地方政府视为重点。

---

① 未统计港澳以及台湾的相关数据。

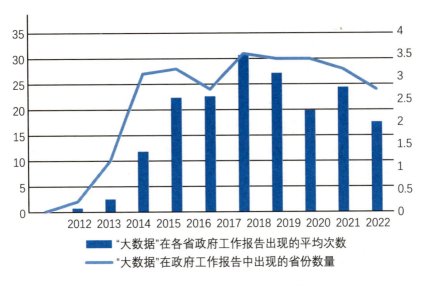

图7-1 地方政府工作报告中大数据出现频次

　　为检验各地大数据政策对于数字经济发展的实际作用，本书设计数字经济发展指数以进行探讨。全球范围内关于数字经济发展水平的权威主要有经济合作与发展组织（OECD）和美国经济分析局（BEA）两种体系。其中，OECD从智能化基础设施投资、ICT（信息与通信技术）推进数字化社会水平、数字科技创新能力、ICT促进经济增长与增加就业等四个维度刻画数字经济发展；BEA对数字经济发展水平的测度从数字化基础设施、电子商务和数字媒体三个方面出发。参考这两个国际权威测度体系的设计，考虑到我国数字经济发展围绕数字产业化和产业数字化两条主要路径①，同时结合省级层面数据的可获得性，本书给出刻画省级数字经济发展的六大维度：数字化基础设施建设水平、ICT推进数字化社会、数字科技创新能力、ICT促进经济增长、新兴数字经济产业发展水平、数字经济企业资本化水平。对六个维度形成的合成指数数值进行对数化处理，得到衡量各省级区域经济体数字化发展

---

① 2021年3月5日，时任国务院总理李克强在《政府工作报告》中明确指出，加快数字化发展，打造数字经济新优势，协同推进数字产业化和产业数字化转型。

水平的最终指数（*Digital*），并将其作为被解释变量。[①] 根据2012—2022年各省级政府工作报告中关于"大数据"出现的词频数量，本书构建*bigdate*（大数据）指标来体现政府对于大数据的支持力度，以此作为核心解释变量。构建如下计量模型：

$$Digital_{it} = \beta_0 + \beta_1 \times bigdate_{it} + \beta_2 \times X_{it} + \zeta_{it}$$

$Digital_{it}$为第i个省份第t年的数字经济发展水平，控制变量X_{it}包括人均国内生产总值（pgdp）、第二产业占比（sgdpr）、社会总投资与国内生产总值比值（invrate）、城镇化率（cityrate）等变量。

相关回归结果参见表7-2。表中第（1）列为采用省份固定效应，不加入控制变量的回归结果，第（2）列至第（5）列为采取固定省份效应且逐步增加控制变量的回归结果，第（6）列为采取随机效应进行回归的结果。如表7-2所示，无论是否加入控制变量和省份固定效应，bigdata的系数显著为正。由此可见，地方政府对于数据产业的支持能够明显提升数字经济的发展水平。

表7-2　地方政府大数据产业政策对于数字经济发展的影响

项目	（1）	（2）	（3）	（4）	（5）	（6）
	Digital	*Digital*	*Digital*	*Digital*	*Digital*	*Digital*
bigdata	0.0647***	0.0071*	0.0072*	0.0071*	0.0093**	0.0088**
	(0.0088)	(0.0042)	(0.0042)	(0.0042)	(0.0042)	(0.0042)
pgdp		1.7044***	1.7029***	1.6791***	1.9569***	1.8705***
		(0.048)	(0.048)	(0.0488)	(0.1028)	(0.0938)
sgdpr			−0.0020	−0.0020	−0.0018	−0.0018
			(0.0015)	(0.0015)	(0.0014)	(0.0015)

[①] 考虑到各指标之间可能存在较明显的相关性，相关指标的合成采用CRITIC方法生成指标权重。

项目	（1）	（2）	（3）	（4）	（5）	（6）
	Digital	Digital	Digital	Digital	Digital	Digital
invrate				−0.0509**	−0.0451**	−0.0753***
				(0.0228)	(0.0226)	(0.0214)
cityrate					−0.9857***	−0.7176**
					(0.3224)	(0.2790)
Prov Effect	Yes	Yes	Yes	Yes	Yes	No
Cons	2.0012***	−16.4474***	−16.3489***	−15.8678***	−14.9258***	−14.9403***
	(0.0308)	(0.5199)	(0.5244)	(0.5639)	(0.6359)	(0.6001)
N	341	341	341	341	341	341
R^2	0.1477	0.8326	0.8336	0.8362	0.8411	0.7970

注：***表明系数在1%水平下显著，**表明系数在5%的水平上显著，*表明结果在10%的水平上显著；括号内为标准误水平。

近年来，地方政府的政策法规中频繁提及大数据的相关概念，涉及大数据产业政策的文件数量众多，且政策逐渐从全面、总体的指导规划向具体行业、细分领域延伸。例如，河南省2018年颁布的《河南省促进大数据产业发展若干政策》，提出建设绿色数据中心的目标，对符合规划布局、服务全省乃至全国的区域性、行业性数据中心的用电价格，在现有基础上实施减半的优惠政策；鼓励创业投资企业加大对大数据小微企业投资力度，政府投资基金可通过认购基金份额等方式，对有关创业投资企业给予优先出资支持；等等。2020年末，山东省政府办公厅发布《山东省推进工业大数据发展的实施方案（2020—2022年）》，明确了加快工业大数据平台、工业基础大数据库和工业大数据中心建设的目标，推动工业大数据应用落地，以数据驱动加速工业升级，形成资源富集、应用繁荣、治理有序、产业进步的工业大数据生态体系；提出要实施"5G+工业互联网"工程，优先在数字经济园区、智慧化工园区、现代产业集聚区建设低时延、高可靠、广覆盖的网络基础设施；加快高耗能、高风险、通用性强、优化价值高的工业设备数字化改造，推动研发、生产、经营、运维等全流程的数据采集。鼓励汽车、电力、医药等行业企业加快构建数据驱动的集成应用；鼓励企业打通生产全过程数据链，提升生产线智能控制、生产现场优化等能力；推动企业研发、生产、管理与销售等全流程数据集成，提升经营管理水平等任务要求。

2023年5月，北京市委全面深化改革委员会审议《关于更好发挥数据要素作用进一步加快发展数字经济的实施意见》，强调充分挖掘数据价值潜力，促进数据合规高效流通使用、赋能实体经济，加快建设全球数字经济标杆城市；打造数据要素政策高地，率先建立数据资源持有权、加工使用权、产品经营权结构性分置运行机制，完善数据收益合理化分配；更好培育发展数据要素市场，全面深化公共数据开发利用；支持发展数据服务产业，加强数据要素技术和产品创新，建立和发布一批数据赋能产业、城市和生活的创新应用场景；把安全贯穿数据治理全过程，坚决守住安全底线。

第二节　数字政府建设

　　加强数字政府建设是适应新一轮科技革命和产业变革趋势、引领驱动数字经济发展和数字社会建设、营造良好数字生态、加快数字化发展的必然要求，是建设网络强国、数字中国的基础性和先导性工程，是创新政府治理理念和方式、形成数字治理新格局、推进国家治理体系和治理能力现代化的重要举措，对加快转变政府职能，建设法治政府、廉洁政府和服务型政府意义重大。

　　在政府可以提供的数字化服务中，最基础的是政府数据的开放，但政府数据封闭式管理形成的"数据孤岛"和"数据割裂"问题阻碍了数字政府的建设。政府数据开放是政府推动大数据发展过程中尤为重要的一个环节。

一、政府数据开放

　　数据开放是指以数据共享为基础，以提供各种数据资源和服务为目标，协助数据开发者开发特色数据应用，帮助分析人员更容易地获取和使用共享数据，推动数据从内部走向外部的服务模式。

　　大数据背景下，政府数据开放是大势所趋。政府数据开放可理解为政府向社会公众公布自己所拥有的数据，社会公众能够自由、方便、免费地访问、获取和利用。同时，由于政府掌握的大部分数据涉及隐私和敏感问题，所以政府所公布的数据应该是经过脱敏处理后的有效数据。例如，天气数据、交通数据、GPS数据、教育数据、金融数据、能源数据、政府投资数据、基础设施数据、农业数据、医疗数据等。

社会公众、企业和政府本身都可从政府开放数据中受益。例如，公众可通过天气数据、GPS数据、交通数据有效地安排出行时间、方式路线等；商业机构可基于算法对这些原始数据进行深度挖掘和加工，从而为公众出行设计出更合理可行的方案，进而激发企业创新能力，提高社会运行效率；公众还可通过能源数据、政府投资数据、基础设施数据等，更好地了解国家的方针政策、自然资源使用情况、政府执行力和管理情况等，这不仅提高了政府透明度，加强了公众对政府的监督；而且促使政府治理能力和效率的提升，使政府更好地满足公众需求，从而带动经济增长。

正是意识到政府开放数据的诸多益处，各国政府纷纷开放政府数据，通过国家层面的统筹规划，整合地方和部门建设数据，开放门户网站，促进数据开放和信息共享。

2009年以来，西方国家兴起的开放政府数据运动逐渐向全球扩展。在这一运动的支持下，以开放政府数据为宗旨的国际组织"开放政府伙伴关系"（Open Government Partnership，OGP）迅速发展，其成员国从2011年成立之初的8个增加到2020年的78个。

2009年1月，时任美国总统奥巴马签署了《开放透明政府备忘录》，要求建立更加透明开放、信息共享的政府。同年12月，白宫批准了美国行政管理局提交的《开放政府令》。

英国民众呼吁政府放弃对数据的垄断权，让公众可以免费获取政府数据。政府部门积极回应，2010年4月，英国国家测绘局（Ordnance Survey）开始免费向社会发布地图数据；2012年，英国内阁办公室发布了《公共数据原则》（*Public Data Principles*），内容包括政府机构发布数据的行动准则，数据的可使用性、可读性、开放格式，以及开放许可证等①。

---

① 赵柯，薛岩. 西方国家开放政府数据运动研究[J]. 当代世界与社会主义，2020（3）：191-197.

2013年6月，美国、法国、英国、德国、日本、意大利、加拿大和俄罗斯八国首脑在北爱尔兰峰会上签署了《开放数据宪章》[①]，承诺制定开放数据方案，按照要求向公众开放政府数据。除一些发达国家之外，印度、阿根廷、巴西、加纳、肯尼亚等发展中国家，以及欧盟、经合组织、世界银行、联合国等国际组织也相继加入政府开放数据运动中，建立了数据开放的门户网站。

经济合作与发展组织致力于推动开放政府数据的运动，并从2015年开始定期发布开放政府数据指数，评估其成员国和伙伴国的政府数据开放程度。在2019年举行的开放政府数据专家会议上，OECD提出了"全政府数据战略"，以期实现公共机构跨部门、跨领域的数据一体化。

在国家大数据战略的引领下，我国政府也在稳步推进数据开放工作。国务院于2015年印发《促进大数据发展行动纲要》，将大数据发展上升为国家战略。复旦大学联合国家信息中心数字中国研究院发布的《2022年中国地方政府数据开放报告》显示，截至2022年10月，我国已有208个省级和城市的地方政府上线了政府数据开放平台，其中省级平台21个（含省和自治区，不包括直辖市和港澳台地区），城市平台187个（含直辖市、副省级与地级行政区）。目前，我国74.07%的省级（不含直辖市）和55.49%的城市（包括直辖市、副省级与地级行政区）已上线了政府数据开放平台。与2021年下半年相比，新增15个地方平台，其中包含1个省级平台和14个城市平台，平台总数增长约8%。全国地级及以上政府数据开放平台数量持续增长，从2017年的20个到2022下半年的208个。开放的领域涉及教育科技、公共安全、劳动就业、社会保障、城市建设、资源环境、健康卫生、民生服务、道路交通、文化休闲、机构团体、经济发展、农业农村、企业服务、地图服务等。政府数据开放平台正日渐成为地方数字政府建设和公共数据治理的标配，数据开放的持续投入将政府手上积淀的数据转化为生产中能够发挥更大作用的生产要素，使中

[①] 全球政府开放数据运动方兴未艾[J]. 电子技术与软件工程，2014（5）：5-6.

国的经济发展走上快车道。2022年9月，国务院办公厅印发《全国一体化政务大数据体系建设指南》（下称"指南"）[1]。《指南》数据显示，各地区各部门依托全国一体化政务服务平台汇聚编制政务数据目录超过3000万条，信息项超过20000万个。截至《指南》成文日（2022年9月13日），全国已建设的政务数据平台包括26个省级、257个市级、355个县级，21个省（自治区、直辖市）建成了省级数据开放平台，提供统一规范的数据开放服务。

知识链接

青岛新型智慧城市
——政务数据创新应用实践总结分析[2]

2019年初，青岛市大数据发展管理局正式挂牌成立，对标上海、深圳、杭州等城市，用数字化、网络化、智能化技术全面赋能经济社会高质量发展，加快推动青岛智慧城市建设。青岛市大数据发展管理局引入企业数据治理理念和技术，创新打造"数据中台"服务模式。青岛市政务数据中台部署在市政务云平台上，向全社会开放，一切市场主体均可平等利用，进行自主开发的增值服务，从而加快市场技术迭代，体现市场化和专业化要求。用户可以根据不同场景和应用需求，通过数据中台开发数据模型，读取和处理政府部门原始数据，输出智能分析结果。在确保政府部门

[1] 中华人民共和国中央人民政府.国务院办公厅关于印发全国一体化政务大数据体系建设指南的通知【A/OL】.（2022-10-28）[2022-11-25]. http://www.gov.cn/zhengce/zhengceku/2022-10/28/content_5722322.htm

[2] 青岛市大数据发展管理局.青岛新型智慧城市建设成效[EB/OL].（2020-12-14）[2022-11-25]. http://www.qingdao.gov.cn/zwgk/xxgk/dsjj/gkml/gzxx/202012/t20201214_2832864.shtml

原始数据"不出库"的前提下，企业或组织对数据进行分析挖掘，实现数据的深度增值利用。

1.数据开放领域

2020年，青岛市政务数据中台形成的第一批政务数据开放目录，包括工商、税务、人社、公积金、不动产以及各类公共信用数据56类、398个字段，涉及可深度利用的各类政务数据1216万条，青岛市市级政务数据的供需满足率在全国位居前列。青岛市推出的"青e办"一网通服务，整合全市50余个部门、10个区（市）的7000多项服务，除特殊事项外，可实现100%"网上可办"、100%"一次办好"，政务平台服务水平进入全国前列。"青e办"实现35个部门业务系统统一身份认证，完成统一电子证照系统升级，归集89类1600余万条电子证照数据，网上政务服务"一次登录、全网通行"。中央数据库新增数据2.1亿条，政务数据归集总量达13亿条，累计数据交换总量近41亿条，市级政务数据共享需求满足率达98%，有力支撑了政府流程再造、政务服务"一网通办"、城市治理"一网通管"。

2.医保领域

"智慧医疗"使居民电子健康档案动态使用率达到70%，实现省内异地门诊慢病县域100%全覆盖（8个区划全覆盖）。

3.社保领域

"智慧人社"整合公安、民政、交通等8个领域20多个部门的多类信息资源，实现养老保险待遇资格的"静默认证"，认证率达到93.9%。人才引进"秒批"业务全面实现智能比对自动审核，截至2020年10月，自"智慧人社"运行一年来，已为近4万人才提供了落户便捷服务。

4.教育领域

"智慧教育"加强5G、物联网、大数据、人工智能等先进技术与教育教学全过程深入融合，构建智慧学习环境、创新教育教学模式。开展智慧校园全覆盖工程，数字校园覆盖率达90%以上，构建"互联网＋教育"大平台，汇聚了300多万条优质特色教育教学资源。

5.文化领域

"云上青图"逐步完善数字资源体系，包括1.62亿篇论文、130多万册电子书、3.6万余种期刊、1000多种报纸、20万部视频、60万集有声读物、38万套试卷等，可访问资源总量达380TB，为市民读者进行数字阅读提供了良好的资源和服务保障。

6.治安领域

"智慧公安"以构建全维动态感知智能防控体系为目标，强化社会治安信息、互联网信息、视频信息等数据资源融合治理，推进人脸识别、智能感知、空间地理信息等技术在社会治安领域的应用，城市重点公共区域高清视频监控覆盖率达到100%。"智慧应急"帮助企业实时获取重大风险的基础信息、监测分析等大量感知数据，实现动态监管、自动预警，市级应急突发事件上报率达100%。

7.居住领域

"智慧社区"提升"最后一公里"服务水平，在全市范围内打造28个智慧社区试点、11个智慧街区试点。社区网速、智能表覆盖范围等进一步提升，推广智慧门禁、智慧感知、智慧安防应用，提供居家养老、家政、购物等智慧化服务，基层办理事项应接尽接、应办尽办。"智慧城管"搭建视频智能分析系统，实现城市管理问题自动抓拍取证；实施城市运行状态综合监测；实现快速派遣、快速处置、闭环管理，日均流转处置城市管理问题4000余件。

8.交通领域

"智慧交通"使市区整体路网平均速度提高约9.71%，平均通行时间缩短约25%，高峰持续时间减少11.08%；交通信息服务准确率达到90%，交通违法查纠率提升近40倍。国内首创的突发拥堵自动判别和自主警情发现技术的准确率超过90%。

9.环保领域

"智慧环保"搭建覆盖全市各镇、街道、功能区的环境空气自动监测网络，完成近280个车载大气颗粒物移动监测设备、13座水质自动监测站，以及全市焚烧秸秆火点监测设备的建设。"智慧园林"实现林地变更、森林资源分布、国家森林公园、湿地等林业基础信息的"一张图"管理。

10.金融领域

"政务数据中台"以打通政务数据走向市场的"最后一公里"为目标，盘活1200万条涉企政务数据，支持银行等金融机构将政务数据与自身沉淀客户资源相结合，为企业精准画像，开展信贷业务。截至2020年10月，入驻中台的14家金融机构，直接或间接利用涉企政务数据对154家企业开展信贷业务，金额达54.34亿元。

11.产业发展和企业孵化

"青岛港智慧港口"实行覆盖全作业流程的智能监管解决方案，开创自动化码头智慧监管新模式。每箱进出口货物的监管时间节约65%，提升码头效率3.2%。自动识别实现陆侧外集卡智能作业，平均每作业循环时间减少约25秒，提升堆场作业效率13%。"智慧农业"整合数据建成"农业大数据一张图"，推动智能农机装备投产应用，开展精准作业、精准控制建设试点，无人驾驶作业效率提高20%，农产品线上交易额占比41.8%，作物种植面积识别率可达98%。同时，政府通过数字经济园区和重点大数据企业孵化一批产业新业态项目。"海尔卡奥斯"赋能15个行业，聚集了3.4亿用户和390多万家生态资源。平台工业App数量增长355%，平台交易额增长140%，平台估值增长100%。"酷特智能制造"专注实践"互联网＋大规模个性化定制"的C2M商业模式，企业生产效率提高25%，成本下降50%以上，利润增长20%以上，力争以工业化效率制造个性化产品。"海信聚好看"涵盖影视、教育、游戏、购物、健身、短视频、技术平台等海量优质资源，业务范围覆盖五大洲，成为全球领先的智能终端开放平台。

二、政府大数据管理体系的建设

激活数据的价值和能量，以创新引领经济的发展，政府数据开放仅是第一步。政府数据开放的标准不一致、数据录入不规范等问题，会导致数据质量参差不齐，垃圾数据增多，数据资源利用效率降低。因此，有必要在政府数据开放平台和数据应用之间增加一个承上启下的关键体系：政府大数据管理体系（图7-2）。该体系对上支持以数据价值充分实现为导向的数据应用开发，对下依托大数据平台实行集中统一的数据全生命周期管理。数据全生命周期管理包括数据被规范性定义、创建或获得，存储、维护和使用，以及销毁。

图7-2 数据管理在大数据体系中的定位

近年来，数据资源管理越来越受到政府层面的重视，许多地方政府以此为基础开展工作，特别是设置专门的数据管理机构——大数据管理局（中心），是政府机构改革的重点之一。截至2022年12月，内地31个省级行政区划中，共有27个省份设立大数据管理部门（如表7-3所示），其他省级行政区也指定了诸如省政务服务管理办公室等负责全省政府数据的统筹管理。2023年3月，中共中央、国务院印发了《党和国家机构改革方案》，"组建国家数据局"是13项国务院机构改革方案之一。根据该改革方案，组建国家数据局，负责协调推进数据基础制度建设，统筹数据资源整合共享和开发利用，统筹推进数字中国、数字经济、数字社会规划和建设等，由国家发展和改革委员会管理。

表7-3　省级大数据管理部门汇总

序号	省份名称	部门名称	成立时间
1	内蒙古自治区	内蒙古自治区大数据发展管理局	2017年1月
2	贵州省	贵州省大数据发展管理局	2017年2月
3	江西省	江西省大数据中心	2018年1月
4	上海市	上海市大数据中心	2018年4月
5	吉林省	吉林省政务服务和数字化建设管理局	2018年10月
6	浙江省	浙江省大数据发展管理局	2018年10月
7	山东省	山东省大数据局	2018年10月
8	湖南省	湖南省政务管理服务局	2018年10月
9	广东省	广东省政务服务数据管理局	2018年10月
10	北京市	北京市大数据管理局	2018年11月
11	广西壮族自治区	广西壮族自治区大数据发展局	2018年11月
12	福建省	福建省大数据管理局	2018年11月
13	重庆市	重庆市大数据应用发展管理局	2018年11月
14	安徽省	安徽省数据资源管理局	2018年12月
15	天津市	天津市大数据管理中心	2018年7月
16	四川省	四川省大数据中心	2019年4月
17	河南省	河南省大数据管理局	2019年4月
18	黑龙江省	黑龙江省大数据中心	2019年5月
19	海南省	海南省大数据管理局	2019年5月
20	山西省	山西省大数据中心	2019年6月
21	湖北省	湖北省大数据中心	2019年8月
22	河北省	河北省大数据中心	2019年11月
23	江苏省	江苏省大数据管理中心	2019年11月
24	辽宁省	辽宁省大数据管理局	2021年5月
25	陕西省	陕西省政务大数据局 陕西省政务大数据服务中心	2021年7月
26	甘肃省	甘肃省大数据管理局	2021年12月
27	西藏自治区	西藏自治区大数据中心	2022年10月

在政府大数据管理体系的建设浪潮中，作为全国首个国家大数据综合试验区，贵州省在数据治理、数字政府建设等方面积极创新探索，走在全国前列。2014年10月15日正式上线的"云上贵州"系统平台是全国首个实现全省政府数据统筹存取和共享、统筹管理的云计算系统平台。该平台架构分为三层：基础层主要提供云计算、云存储、云安全服务和数据服务；核心层重点打造全省统一的数据共享交换平台；应用层主要通过政务网向全省公民和企业提供物联网服务。

首先，在平台建设方面，贵州统筹全省的App，整合各部门政务民生服务，通过统一平台入口、统一用户认证体系、统一信息推送体系，打造全省统一的政府服务App"云上贵州"。该App为人们提供覆盖教育、交通、医疗、生活缴费等多领域的一站式便捷服务，共聚合1976项服务，其中148项服务可网上办结。该平台通过创新电子政务发展方式，整合各类政府应用和数据资源，建立政府大数据库，充分发挥"互联网+政务服务"的优势。"云上贵州"于2017年9月30日上线，在2020年新冠疫情期间发挥了重要的监管作用。多彩宝疫情防控服务专区的物价举报等网络监督平台，与各级市场监管部门建立连接，加强对口罩、药品等重点商品的监管，从严从重从快打击囤积居奇、哄抬价格、违法销售防疫用品、违法销售食品等行为，发现一起、查处一起，使相关违法行为无处遁形①。

其次，在数据管理方面，贵州早在2015年便要求各个部门对数据进行梳理，但因缺乏统一标准而无法有效进行。为了数据资产管理的有效性和便捷性，"云上贵州"发布了四个地方标准，《数据分类分级指南》《贵州省政府数据资源目录第1部分：元数据》《贵州省政府数据资源目录第2部分：编制指南》《政府数据　数据脱敏工作指南》，要求各级政府部门用这四个标准对数据进行集中统一梳理，数据的标准化处理对于数据梳理、数据共享和数据开

---

① 罗亮亮."云"上战疫——大数据助力贵州打赢疫情防控阻击战[J]. 当代贵州，2020（10）：22-23.

放等起到了事半功倍的作用。

最后，在平台运行方面，"云上贵州"系统平台利用数据管理的各项职能，实现了全省政府数据的统筹存取和共享、统筹标准和统筹安全，大大提高了社会效益和经济效益。例如，它把互联互通平台和交易平台全部置于云上，同时对数据进行建模、加工与分析。过去招商投标存在创标、围标和预约数在特定时间内较为密集，但是实际交易量低、中标率低的情况。针对此类问题，该平台通过数据画像和建模来改善交易方式，最终将交易时间缩短到5天，效率提高6倍。该平台利用数据管理职能，通过各部门数据共享，统一数据标准和数据格式，实现全省精准扶贫大数据平台的"通"和"准"，已实现11家省级单位的数据融通，助力打赢脱贫攻坚战。

整体看，在地方政府大数据管理体系建设过程中，由于我国目前分块、分条的政务信息管理机制，在一定程度上存在信息采集重复、政府部门之间信息共享困难、信息使用效率低等问题。2021年9月起施行的《中华人民共和国数据安全法》强调，"各地区、各部门对本地区、本部门工作中收集和产生的数据及数据安全负责"，尚未规定地方政府新设的大数据管理局（中心）的角色定位，大数据管理局（中心）很难统筹地方各级政府部门的大数据管理工作。

针对上述难题，设立首席数据官，统筹政府数据战略推进、推动政府数据资源的开放共享与开发利用已经成为数据治理组织体系创新的重要举措。首席数据官一职最早出现在企业，与企业首席数据官相比，政府首席数据官的角色旨在提高数据运用的效率，同时保护数据机密和隐私。美国较早尝试任命政府首席数据官。2011年，芝加哥市任命了第一位市政首席数据官，2013年，联邦储备委员会在联邦政府层面任命了首位首席数据官。在政府首席数据官的概念界定上，联邦政府开放数据项目将其描述成融多种角色于一体的复合型职位，"是数据战略家和指导师、改进数据质量的管理员、数据共享的推进者、技术专家，以及新数据产品的开发者"。2019年1月，美国总统签发《基于循证决策的基础法案》，其中规定"联邦政府各机构负责人应指定一名非政治任命的常任制雇员担任机构的首席数据官"。

2021年5月,广东省人民政府办公厅印发了《广东省首席数据官制度试点工作方案》,首创我国政府数据官试点工作(如图7-3所示)。广东省首席数据官的职责侧重统筹数据管理和融合创新,推进公共数据共享开放和开发利用;领导本行政区域内数据工作,对信息化建设及数据发展和保护工作中的重大事项进行决策,协调解决相关重大问题;组织制定数据治理工作的中长期发展规划及相关制度规范,推动公共数据与社会数据深度融合和应用场景创新。建立首席数据官制度,标志着"十四五"期间广东省数据要素市场化配置改革的又一开创性、基础性和制度性创新落地实施,在全国范围内具有示范引领作用。

▤ 工作目标

以我省推进数据要素市场化配置改革为契机,在有条件的地区和部门试点建立首席数据官制度

✓ 明确权责范围

✓ 健全评价机制

✓ 创新数据共享开放和开发利用模式

✓ 提高数据治理和数据运营能力

⮌ 试点范围

六个部门

省公安厅、省人社厅、省自然资源厅、省生态环境厅、省医保局、地方金融监管局

十个地市

广州、深圳、珠海、佛山、韶关、河源、中山、江门、茂名、肇庆

· 试点地区选取不少于3个县(市、区)和5个市级部门

📖 主要任务

· **明确首席数据官工作机制**

  由各试点市、县(市、区)政府和试点部门分别设立本级政府首席数据官和本部门首席数据官

· **明确首席数据官职责范围**

  推进数字政府建设,统筹数据管理和融合创新,实施常态化指导监督,加强人才队伍建设

· **开展首席数据官评价**

  由省政务服务数据管理局组织试点地级以上市和省有关部门对首席数据官履职情况进行评价

△ 保障措施

加强组织实施

结合实际情况制订本地区、本部门的实施方案

完善配套措施

探索创新支撑团队、绩效评估等方面的配套措施

加强工作总结

及时梳理试点工作进度、存在问题和意见建议

图7-3 广东省首席数据官制度试点工作方案

第三节　政府大数据平台建设：以金融大数据为例

政府数据在金融领域也拥有重要的应用场景，尤其在地方政府积极探索如何优化支持科创、民营、小微的政策，努力发展本地经济、带动地方就业的今天，充分发挥政府数据的价值更加重要。在金融系统中，完善的征信体系建设一直被视为破解科创、民营、小微融资难的关键所在。2022年10月，人民银行征信管理局发布《建设覆盖全社会的征信体系》一文，文中指出，人民银行坚持"政府+市场"双轮驱动发展模式，逐步构建金融信用信息基础数据库和市场化征信机构协同发展、互相补充的发展格局。人民银行充分利用征信平台实现不同部门、地区之间的涉企信息互联互通，解决小微企业融资缺乏抵押担保、信息不可得而导致风险不可控等问题。一是推动建设地方征信平台，实现涉企信息共享应用。通过当地平台实现小微企业非信贷信息归集共享和融资服务，大幅提升了小微企业融资可得性。二是建设统一的动产和权利担保登记制度，有效盘活小微企业动产资源。三是扩大应收账款融资服务平台应用范围，解决应收账款确认难题。目前，除央行征信中心建立和维护的征信系统外，我国市场化的征信机构还有2家个人征信机构——百行征信有限公司和朴道征信有限公司、136家企业征信机构和55家全国备案信用评级机构，这些机构共同构成了"政府+市场"双轮驱动的征信市场组织格局。

全国范围内征信基础设施建设有力帮助小微企业化解融资难题，而地方政府也基于自身政务体系内的数据自行建立服务企业征信的数据平台，在解决地方小微企业融资难题中发挥了越来越大的作用。例如，北京金控集团成立的国内首家普惠型金融大数据公司——北京金融大数据有限公司的金融大数据平台，已被明确为北京市政务数据在金融领域社会应用的统一接口，承担金融大数据统进统出、制度化管理、创新社会应用三个功能。其一期项目在政务云上部署金融大数据专区，与政务外网联通，实现政务数据的"统进统出"，加强数据的统一和规范管理；二期项目对金融大数据进行脱敏、分析，生产并输出数据产品等，为小微企业信贷提供数据分析支持和企业征信调查等数据服务。

一、各地金融大数据平台的实践

当下，国内各地兴办的金融大数据平台的发展模式差异较大，有以政府自建、信息查询为主的苏州、台州模式[①]，还有以政府主导、平台对接为主的亳州、常德模式，以及纯商业化运营的蚂蚁金服模式。

（一）苏州、台州模式

2015年，苏州市人民政府印发《苏州市金融支持企业自主创新行动计划（2015—2020）》，苏州市金融监管局牵头建设了"综合金融服务平台""地方企业征信系统"和"企业自主创新金融支持中心"三大平台，并以三大平台为载体，建立了具有苏州特色的"企业守信用、机构有创新、政府有推动"的以"债权融资"为主的综合金融服务体系，以及提供"股权融资"服务为主的股权融资服务平台。

台州市在2014年由市政府牵头，着手搭建小微金融信息共享平台。2014年7月，中国人民银行台州市中心支行完成15个部门数据的关联整合，开始搭建金融服务信用信息共享平台，并一站式为金融机构提供授权查询服务。银行可以通过平台一次性、较全面地获取小微企业分散在政府各部门的最新信

---

① 解码小微金融的"台州模式[N]. 人民日报，2019-11-25（18）.

息。同时，平台有力促进了社会信用环境建设，形成"信用好—易贷款—更重信用"的良性循环。

（二）亳州、常德模式

亳州市、常德市采用"政府主导+市场化"的运营模式，充分发挥政务数据优势，并利用大数据、云计算、人工智能等技术，结合丰富的信贷业务经验，搭建"金融超脑"平台，基于海量数据和样本进行深度学习，构建信贷评分规则和决策体系。亳州药都农村商业银行"金农易贷"以手机银行为申请入口，系统后台根据公安户籍信息、民政婚姻信息、公积金社保缴纳信息、工商注册信息判断客户所在群体，并根据各群体的准入模型、授信模型、定价模型对客户进行综合判断，实现网上自动授信。

为更好地服务"三农"和小微客群，湖南常德农村商业银行于2018年9月推出线上普惠型信用贷款产品——"常德快贷"。区别于一般线上信贷产品，"常德快贷"充分借力常德市智慧城市建设成果，以政务数据为核心，整合银行数据、征信数据和互联网数据，利用大数据风控建模技术建立智能化风控体系，实现线上贷款信用风险有效控制。除"常德快贷"外，常德市还推出"信补贷"等信贷产品，帮助小微企业破解其体量小、无抵押难题。截至2022年12月末，常德市普惠型小微企业贷款余额为340.56亿元，较年初增加53.49亿元，增长18.63%。

（三）蚂蚁金服模式

蚂蚁金服模式为纯商业化运营模式，蚂蚁金服依托阿里巴巴、淘宝、天猫等电商平台，获取大量的小微企业基本信息、账户信息、交易流水、市场销售、商品类型等信息，综合分析小微企业的经营状况、资金实力和需求、市场前景及偿还能力，从而形成小微企业的信用信息基础。在此基础上，蚂蚁金服可以基于支付信息提供大数据金融服务。例如，2015年蚂蚁金服旗下的网商银行成立，通过无物理网点，打造"310"微贷模式（3分钟申请、1秒到账、0人工干预），开展小微企业借贷业务。

金融大数据平台模式比较见表7-4。

表7-4　金融大数据平台模式比较

模式	政府自建、信息查询模式（如苏州、台州模式）	政府主导、平台对接模式（如亳州、常德模式）	纯商业化运营（蚂蚁金服模式）
优势	1.政府自主可控：政府或国有企业投资建设，业务需求由政府主导，能够最大限度地体现公益性和社会性 2.产权清晰：平台所有权、使用权完全归属政府，由金融机构免费使用 3.数据安全：平台自建，保证政务数据不出政府，保障政务数据安全	1.便捷高效：搭建网上金融服务大厅，并与金融机构业务系统对接，实现贷款申请、授信、用信、放款等网上全流程，打通了个人、民营及小微企业金融服务"最后一公里" 2.市场化运营：运营公司通过大数据和科技支撑，为金融机构贷款提供"增信"服务，大幅降低金融机构的不良贷款率，金融机构将一定收入支付运营公司，实现平台自我造血和可持续发展 3.数据安全：平台自建，保证政务数据不出政府，保障政务数据安全	1.科技+资金：国内领先的互联网金融科技企业，科技实力强，资金实力雄厚 2.经验丰富：自建金融生态圈，打造信贷应用场景，具有成熟的风控经验和运营经验，对金融业务理解较为深刻 3.数据量大：拥有海量淘宝商户和支付宝交易信息
劣势	1.平台只为金融机构提供贷前政务信息查询，为民营及小微企业提供"增信"。贷款申请、授信、放款等操作还是走金融机构传统流程，贷款周期长 2.缺少市场化运营，且需要靠政府长期配套资金支持	1.平台只对接一家金融机构，金融产品单一 2.以个人客户为主，民营及小微企业客户比例低 3.需要持续与各部门对接政务数据	1.平台部署在阿里云，产品嵌入支付宝城市服务界面，政府的控制力度弱，难以监管 2.政务数据需要全部推送给蚂蚁金服，政务数据使用存在法律风险 3.难以体现开放包容、平等共享的原则，并且对本地金融机构冲击较大

二、数据平台建设难点：如何打通公共部门和私营部门数据

目前，服务小微企业征信的数据来源主要有两种：一是公共部门，主要包括公安、税务、工商、一行一总局一会（中国人民银行、国家金融监督管理总局、中国证券监督管理委员会）、水电、电信运营商等相关单位；二是私营部门，一些有丰富供应链资源的产业资本，以及数字经济时代的领头羊企业，如BATJ/TMD（百度、阿里、腾讯、京东、头条、美团、滴滴）等互联网巨头，以及拉卡拉等线下收单龙头企业。

为盘活公共部门数据的价值，很多地方政府推动金融大数据平台建设，打通政府数据公开渠道，助力本地金融机构开展普惠金融服务，以支持本地经济尤其是小微经济发展。但在政府数据打通及分享方面存在障碍。

第一，条块关系下政府数据彻底打通难度大。政府数据打通面临的挑战在于条块关系的现状，在地方政府的推动下，下属部门的数据打通工作的难度相对较小，但如何对接部委及其下属地方派驻机构的数据仍存在诸多障碍。目前国内各地的尝试效果并不显著，尤其很难打通公安和税务部门的数据公开的渠道。

第二，缺乏货币补偿的政府部门，收集和分享数据的激励不足。政府部门不会有意收集为某一方面带来实际价值的数据，从而造成数据虽多但价值一般的现象。此外，有些敏感数据无法直接对外提供，能够提供的多是结果性数据，相关数据脱敏、加工和分析工作是政务部门的额外成本。政府很难有足够的人力和物力为市场提供更好的政务数据服务。因此，缺乏相应补偿机制，导致政府部门无法实现该类数据的有效供给。

第三，缺乏与私营部门数据的结合，单纯政务数据的价值有限。私营部门数据集中在产业资本手中，但在此前的互联网金融浪潮下，各主要产业资本形成自己的"产业生态圈"。产业资本巨头在数据的采集和使用方面形成"块状结构"，仅在本生态体系内打通数据，尚未实现跨生态体系的数据打通。

当下，各地方政府推动政务数据公开，为产业资本巨头获取政务数据创造了良好的契机，但政府部门获取私营部门数据仍存在困难，由此导致政府部门和私营部门在数据获取方面的不对等性。

目前，部分地方政府在数据盘活方面作了一些积极的创新尝试，尤其体现在成立独立法人、自负盈亏的企业专业从事盘活政府数据的工作。例如，北京金融大数据有限公司承担服务科创、民营、小微的政策任务，其作为北京金控集团全资子公司，属于市场化的企业，负责金融公共数据专区具体运营工作。作为企业，北京金融大数据有限公司获得政府独家授权的政务数据，具有资源独占性，这也构成其核心竞争力。一些地方政府积极推动国有企业和民营企业合作，成立相应的数据平台公司。例如，2020年7月，由四川省大数据管理中心发起，采取市场化方式组建四川省融资大数据服务平台，将政务数据盘活运用于金融领域，尝试为中小微企业融资纾困解难。该平台依托省大数据中心持续注入的公共信用信息资源，拥有工商、行政、司法、专利、社保、公积金、税务、能耗、通信等多维数据。该平台的运营主体四川兴川贷数字科技有限公司的股东包括四川省大数据技术服务中心这类事业单位、农银投资（嘉兴）有限公司这类国有大型商业银行旗下的投资平台公司、四川发展大数据产业投资有限责任公司这类地方国有企业、新希望数字科技有限公司和四川数联优品科技有限公司这类民营金融科技公司。在碳达峰、碳中和的背景下，也有地方政府将包括公共数据在内的多渠道数据盘活应用到碳经济，探索"碳账户"平台的构建。

🔗 知识链接 -

个人碳账户平台①

为了实现全球碳中和目标，不少国家建立了碳排放权交易市场。目前的碳市场参与方以企业为主，个人碳账户被视为一个极具潜力的新兴市场，包括北京环境交易所等机构、蚂蚁金服等企业都在布局个人碳金融，通过对个人消费、生活、交通等大数据的深度挖掘，优化个人碳减排量的核算方法。

2019年7月，成都市开通个人碳账户平台试点。个人碳账户平台由四川省生态环境厅应对气候变化与对外合作处指导，"早点星球"环保积分平台、四川联合环境交易所合作开发。个人碳账户由四川联合环境交易所基于特定碳减排方法对个人碳排放进行核算，是评定、统计和展示公众低碳信用体系的有机组成部分，旨在鼓励更多市民积极转变生活方式。

在个人碳账户的相关微信小程序上，有"绿色出行""步行""旧物回收""垃圾分类"等活动，用户完成相应的项目，就可以获得"积分"。目前，该平台已接入天府通、成都公交、成都地铁、成都大数据平台、青桔单车、曹操专车、四川航空、滴滴出行、星巴克、可口可乐、贝壳找房等平台，形成一个低碳生活服务体系。成都市民乘坐地铁、公交，或者骑车、步行等绿色出行行为，用减少个人碳排放量的方式进行积分，积分满额即可兑换现金红包、咖啡券、国际机票、乘车优惠、电子代金券等实质

---

① 基于以下参考文献整理：

[1]崔莹，钱青静. 中国个人碳账户现状、存在的问题及发展建议[R]. 中央财经大学绿色金融国际研究院，2019(5).

[2]赵新江. 建立碳账户，推动碳中和[J].理财，2021（06）：29-30.

[3]李彦琴. 四川省首个人"碳账户"平台成都上线 走路也能赚钱？[N]. 成都商报，2019-08-25.

礼品。这个被视为首个通过科学计量方式赋予公众低碳行为以价值的账户平台,不仅开启了非"碳圈"人士减排的新渠道,更让居民对个人"碳账户"背后的市场产生强烈兴趣。

除成都市外,衢州市、深圳市、常州市等多个城市也建立了个人碳账户平台。

2018年8月,衢州市率先构建银行个人碳账户平台。银行为每个客户设置碳账户,根据客户在银行办理的业务类型、绿色出行的数据、家庭用水用电数据等六大方面的绿色行为轨迹,计算所减少的碳排放量对应的碳积分。用户可以用碳积分兑换相应的绿色礼品、公共交通费率优惠、消费抵扣等权益。衢州市率先探索数据控碳,截至2023年5月,衢州市个人碳账户数量已达215万个,占常住人口数量的93%。自个人碳账户建立以来,累计减少个人碳排放5.15万吨,全市金融机构推出相应个人碳账户贷款产品27款,累计发放个人碳账户贷款4.74万笔,金额达99.93亿元。

深圳市推出的个人碳账户是卡本生活卡,碳积分可以用来抵扣充电服务费。2018年9月,深圳市绿色低碳发展基金会推出"碳账户4.0"。"碳账户4.0版"采用正向激励的方式,设计"卡本挑战"游戏闯关项目,保留碳日记和挑战任务,并跟"智能饮料回收机"、深圳交警的"绿色出行",以及深圳的"充电桩"等合作,只要个人用户参与卡本挑战,选择了低碳生活方式,就能获得相应的绿色能量,以此兑换奖品。

2020年,南昌地铁推出乘客出行碳减排服务,人们出门乘坐地铁会被纳入个人碳减排账户,并形成一定数量的碳账户积分,这些积分能够用于免费借阅电子图书。

2021年7月22日,常州市发布了"常州地铁碳减排账户系统",依托国内个人碳减排方法学,通过引入企业碳中和付费方式,构建市民碳普惠与企业碳中和、轨交碳治理的有效联动方案。市民只需通过常州地铁App"常享碳"入口,开通碳减排功能,每次地铁出行都会被纳入个人碳减排账户,并获得相应碳减排量。

正是因为地方政府主导的国有政务数据运营平台公司具有资源独占性，所以数据定价面临较大挑战。垄断性定价会带来较大社会争议，免费提供又会威胁机构自身的可持续性发展，因此，与金融大数据平台相关的政府数据产品的设计和定价体系仍有待完善。现行方案多是基于查询次数进行收费的。例如，平台公司评估自身运营所需要的各项成本开支，以及预测未来一段时间的市场查询次数，以覆盖运营成本为定价依据，即基于平均成本定价的方案。

在政务数据中的个人数据变现方面，还存在因缺乏个人征信牌照而制约发展的问题。我国传统个人征信业务主要依靠中国人民银行征信中心的个人征信系统为消费者提供的个人信用报告，其数据来源局限于商业银行。而大数据征信对传统征信起到补充作用，通过大数据技术海量抓取消费者网络交易信息和其他非结构化数据，缺失银行信用数据的弱势群体有望获得满足其融资需求的互联网大数据信用评分。截至2020年底，我国批准的可提供个人征信的法人机构有百行征信有限公司和朴道征信有限公司两家，这反映了央行对个人征信牌照发放的谨慎态度。个人数据的合法商业化变现与个人征信牌照密切相关，缺乏个人征信牌照制约了政务数据中个人数据的变现。

三、区块链：破解数据共享难题的可能方案

传统电子政务利用"互联网+"技术对政府服务进行电子化、数字化改造，优化了日常办公与公共管理服务，简化了行政工作流程，提升了工作效率。不过，传统电子政务中的数据共享方式仍存在诸多问题，主要包括实时性差、管控性差、共享率低、权责不清等，很难从根本上清除政务数据在共享中的障碍。

区块链技术具有去中心化、可完整精确溯源、分布式共识、不可随意篡改等特性，适用于多主体参与且共同进行维护的场景。区块链由分布在不同存储块中的数据依据时间戳链接而成，基于密码学原理进行构建，形式是分

布式账本。其分布式记账可使任何参与主体得到他人发布的信息，这就解决了政府数据共享难的问题，各部门可以各取所需，从而提高工作效率。同时，由于区块链技术具备不可篡改性，所以该技术可以同时防范来自内部和外部的对政府数据的攻击或篡改，解决数据泄露的问题。

目前，"区块链+政务服务"的模式已经得到较为广泛的应用，应用场景主要包括居民身份认证、社会诚信管理、电子证照、政务信息公开等。尤其在政务信息公开方面，区块链的去中心化、开放性等特征使其非常适用政务大数据公开，可以使政府的决策更加透明，使政府的行政决策更加有迹可循。

🔗 知识链接 -

娄底市不动产区块链信息共享平台①
——区块链技术的具体应用

2018年，娄底市不动产区块链信息共享平台上线运行，打通了不动产登记中心、住建、税务、银行等多个信息通道，开具国内首张区块链不动产电子凭证，真正实现"让数据多跑路，让群众少跑腿"，简化群众办事程序，便民利民服务水平大幅提升。

在传统的不动产登记流程中，居民需按顺序到各个部门审批盖章。这个过程可能存在重复提交的情况，也可能出现审批过程中各部门推诿责任的情况，由此导致审批周期较长，不动产登记效率低、成本高等问题。同时，人为操作等客观因素大大提高了个人数据信息被泄露、被篡改的风险，不利于树立与增强政府部门公信力。

娄底市不动产区块链信息共享平台大大简化了工作登记流程。如下图

---

① 王鹏，魏必，王聪. 区块链技术在政务数据共享中的应用[J]. 大数据，2020，6（4）：105-114.

所示，首先，由用户向不动产登记部门提交写入智能合约的个人信息和登记申请，不动产登记部门接收信息和申请，并向其他各有关部门发出核对信息的指令：向银行申请查询和核对用户的个人信用度、个人资产等信息，向公安部门申请查询和核对个人真实信息、是否有犯罪记录、个人家庭住址等信息，向民政部门申请查询和核对个人婚姻情况、个人社保情况等相关信息，向财税部门查询和核对个人纳税情况，等等。各部门收到指令后，访问对应的内部数据库，并进行查询和核对。然后，各部门将核对结果和对应意见以仅机器可读的符号代码形式进行包装、上链，反馈给不动产登记部门。最后，由不动产登记部门根据各部门的反馈结果和意见进一步综合判断此用户是否符合不动产登记的条件，并执行相关操作。如果遇到智能合约上没有显示的特殊信息，则由平台上对应部门的高级管理员进行权限修改，同时进行数据变动和人员操作留痕，保证信息和操作的公开透明和可溯源性。

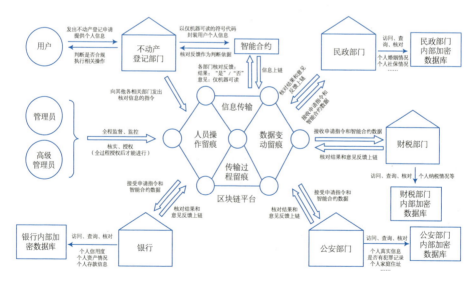

娄底市不动产区块链信息共享平台的登记流程

　　该平台为用户节省了办理业务的时间和成本，也降低了过程烦琐、中间执行环节多、人工参与度高等因素带来的用户个人信息和隐私泄露的风险，在高效办理业务的同时，很好地保护了个人隐私和数据信息。区块链的应用有效地解决了数据共享过程中条块分割、权责不清、信息泄露和业务流程烦琐等问题，大大提升了数据共享的效率和安全性。

第八章
—
平台经济、数字货币与
数据要素市场展望

第一节 平台经济治理下的数据要素市场展望

近年来，信息技术飞速发展推动互联网特别是移动互联网的普及，并在更新迭代过程中，促进以互联网商业平台为主要载体的平台经济的兴起与发展。互联网商业平台与不同产业、企业、商业模式结合，不仅使传统生活习惯逐渐线上化、网络化，如电子阅读、网络购物等，还创造出诸多新的生活方式，覆盖了文娱活动（如直播）、社交活动（如网络聊天、视频通话）、生活消费（如发红包、手机第三方支付）等诸多领域。平台经济已经深入社会的生产与人们的生活当中，而平台经济的发展以大数据为依托，可能存在强势的平台竞争者利用大数据资源"排除异己"，造成平台经济发展中的大数据垄断和大数据"杀熟"等问题。因此，发展平台经济的过程中需要进行数据治理。对平台进行监管治理，也会影响平台间的市场竞争，需要监管方平衡公平和效率。

一、针对平台经济进行数据治理的原因

平台经济是以平台企业为支撑演化出的新的经济形态。平台企业是指具有网络效应，能够捕捉、传递和加工数据的企业，主要包括四种类型，分别为交易型平台（如腾讯）、创新型平台（如微软）、复合型平台（如阿里巴巴）和投资型平台（如日本软银公司）。在当前互联网和数字经济不断发展的背景下，平台企业逐渐成为新的生产交换关系的组织主体。而平台经济是指利用

互联网等现代信息技术，以使用权分享为主要特征，整合海量、分散化资源，满足多样化需求的经济活动[①]。平台经济是以数字技术为支撑，以数字平台为依托的新经济形式[②]。

在互联网对人们生活的影响如此之深，对人们活动方式的影响如此之广，数据平台在服务过程中聚合的数据如此之大的环境中，头部平台企业的力量使市场监管者不得不考虑企业在数据要素市场中的影响力过大的问题。但平台企业市场份额太大并不是平台经济时代所恐惧的核心问题，市场影响力过大的核心问题是平台企业独占数据之后，可能带来市场中只存在单一创新者的问题。平台企业利用其在数据方面的优势和市场影响力，可能造成侵害相关利益方的以下问题。

第一，平台企业限定交易。平台企业排他性地要求自己的合作对象或者客户只能与自己交易。例如，2021年4月10日，国家市场监督管理总局依据反垄断法对阿里巴巴集团开出巨额罚单，这是针对阿里巴巴集团在国内网络零售平台服务市场实施"二选一"垄断行为作出的行政处罚。

第二，搭售行为。通过附加不合理的交易条件，平台企业通过搭售行为拓宽市场或者巩固自己的市场地位。一些平台会默认勾选搭售产品，比如在线上购买机票、车票时，平台主动为消费者添加勾选相关保险产品，只有消费者主动点击消除，才能避免购买搭售的产品。

第三，企业拒绝交易或者差别对待。一类是有些平台企业为了保护自己平台中的类似服务，拒绝向有潜在竞争关系的企业提供服务；另一类是饱受争议的大数据杀熟问题，也就是平台企业利用大数据分析得到用户黏性，黏性程度较高的老用户使用平台时会"看见"更高的价格，而黏性较低的或者新的用户，选择相同产品时却能"看见"较低的价格。比如，在一些机票购买平台，可能出现老用户看见的价格高、未注册的用户看见的价格低的情况，

---

① 闫冬. 社会化小生产与劳动法的制度调适[J]. 中外法学，2020，32（6）：1614-1633.

② 曲佳宝. 数据商品与平台经济中的资本积累[J]. 财经科学，2020（9）：40-49.

黏性高的用户的商品购买价可能会高于其他用户。

第四，企业掠夺性定价。一些公司通过以低价掠夺市场，排挤对手，获得独有的用户数据来占据垄断地位。例如，一些公司在资本的支持下，低价甚至免费提供相应产品和服务，在前期以"烧钱"的形式获得客户，排挤市场其他参与者，在获得垄断性市场地位后，再抬高产品和服务的价格，甚至垄断性定价，同时基于海量的客户数据积淀，还可以对于差异化的客户进行歧视性定价，以尽可能攫取利润。

当前，已出现部分平台经济企业利用其数据积累方面的优势，侵害消费者及其他关联方利益的问题。这一状况促使全球主要经济体达成规范治理平台经济的共识。做好平台经济的治理，在构建竞争性的、公平的良性市场环境，推动数据要素化进程，以及发挥数据最大效益等方面具有战略意义，有助于促进数字经济的持续创新。

二、平台的数据积累是市场形成的关键

平台是一个为供需双方提供交易场所的双边市场①，通过处理分析和使用数据促进生产者与消费者进行互动。其最大特征是网络规模效应，即平台的用户规模会显著影响用户使用该平台的效用或价值。用户规模越大，平台对于用户个体和相似群体的模拟画像越准确，平台的价值也越大。在平台经济发展过程中，数据资源逐渐商品化，成为资本积累的新方式。根据网络规模效应，在平台经济的资本积累过程中，核心价值就是拥有数据并形成数据资

---

① 两组参与者需要通过中间层或平台进行交易，而且一组参与者加入平台的收益取决于加入该平台另一组参与者的数量，这样的市场称作双边市场。双边市场涉及两种类型截然不同的用户，每一类用户通过共有平台与另一类用户相互作用而获得价值。双边市场在现实中存在较为广泛。许多传统产业，如媒体、中介行业和支付卡系统，都是典型的双边市场。随着信息通信技术的迅速发展与广泛应用，又出现多种新型的双边市场形式，如B2B、B2C电子市场、门户网站等。

产。以推动资本积累的方式为划分标准，平台经济可以分为三种类型：受众创造型、供需匹配型和市场制造型。[①]

（一）受众创造型平台

受众创造型平台通过提供免费服务吸引大量用户使用，其营利方式是向生产商等出售广告位，在用户使用平台的过程中发放广告、曝光广告商产品，百度等搜索引擎、微博等社交平台都属于这一类。用户在网站上免费查找、阅读内容，平台在用户浏览的页面中定向投放广告从而实现产品曝光，或者吸引顾客点击广告。

平台积累大量用户查找与浏览的数据后，可利用技术手段处理这些数据，进而形成平台可用的数据资产，包括用户习惯、偏好等。平台据此精准地实现广告的定向投放，这是平台能与广告商达成交易、实现盈利的核心。此外，平台还能向生产商出售技术分析后的数据资产，帮助生产商了解消费者的意见、偏好、习惯，以此指导生产，形成以消费为目的的有效生产。

用户对于受众创造型平台积累资本的重要性体现在两方面：一方面，用户使用平台，实现用户生成内容，产生更多数据；另一方面，用户作为广告投放对象，给平台带来利润。因此，平台的规模越大、用户数量越多，其数据积累、资本积累的速度也越快。

（二）供需匹配型平台

供需匹配型平台是为生产者与消费者提供线上交易的平台，平台充当中介的角色进行供需匹配，其营利方式是通过提供交易场所和筛选服务来收取中介费和内容管理费，淘宝等购物消费平台、滴滴等出租车平台都属于这种类型。

第一，平台利用线上交易场所扩大商品的流通范围，通过扩大传统线下

---

① 曲佳宝. 数据商品与平台经济中的资本积累[J]. 财经科学，2020（9）：40-49.

商品市场的空间，让交易线上化，打破商品交易的空间距离，扩大交易市场的范围。有了平台，物理距离不再是消费的壁垒。例如，网络购物平台让用户不断发现、尝试新的商品，找到线下无法购买到的商品。

第二，平台作为第三方机构，将原本难以流通的物品赋予商品性质的流通属性，挖掘社会的潜在市场，加大市场的深度。在传统的线下市场，买家和卖家之间存在信息不对称、交易过程缺少保障等问题，无法实现供需的完美匹配，很难实现闲置资源的价值。平台提供交易场所，为双方搭建合适的交易渠道。例如，顺风车软件、短租平台都是把家庭的闲置资源商品化，使其能在平台上进行交易来获得价值。在为交易双方提供平台服务的过程中，平台利用外界或自有的数据分析每个用户的基本信誉、行为偏好等信息，减少信息不对称，增加交易的可信度与可行性。平台提供线上的交易场所，扩大商品和服务的流通范围，以此吸引更多的用户加入、使用平台，再对更多的数据进行分析，向用户提供精确的推荐和服务。

供需匹配型平台以原有的数据资产为基础，不断扩大流通范围，吸引更多用户在平台上进行交易，实现更多收益。同时，越来越多的用户生成内容能够帮助平台分析用户，增加平台的品牌可信度，促进其进一步扩大流通范围。

（三）市场制造型平台

市场制造型平台直接提供数字化的商品与服务，即开拓新的市场领域，具有代表性的就是电子阅读、电子音乐平台。这类平台改变传统的商品形态，缩短流通时间，加快商品周转速度，并利用技术分析用户的使用数据，根据用户偏好和需求进行产品推送，从而提高交易量，扩大收益。

平台的数据积累来自其服务的市场，其运作模式决定了平台经济具有不断积累扩充数据资产的特点。从数学原理上分析，平台经济的价值注定会出现爆炸式增长。这一现象是发明"以太网"这一局域网络技术的鲍勃·麦卡夫首先注意到的。他曾经希望将小型网络运营起来，但一直没能成功，最终，他发现只有把世界各地的小型网络连接在一起，组建成大型网络之后，其价值才成倍地飞速增长。1980年，他提出了著名的定律：网络价值等于n（n表示用户数）的平方。由回报递增和n^2价值定律可知，一个大型机构明显要比总量相同的许多分散的小机构更具价值。互联网经济本身就为培养巨头企业提供了肥沃的土壤。正如凯文·凯利在其1998年出版的《新经济 新规则：网络经济的十种策略》一书中指出的：

传统垄断者不可饶恕的罪恶在于：它是市场上唯一的卖方，可以肆意抬高价格并降低质量。而网络本身的内在逻辑就是去降低价格，提高质量，即使那些单一卖方的垄断者也是如此。当竞争受到遏制的时候，创新也会受到影响，这在网络经济中是最不可饶恕的。在新的经济秩序中，创新远比价格更重要，因为价格只是创新的副产品。网络经济中的巨头的危险不在于它们能肆意涨价，而在于它们很有可能变成"单一创新者"。

受众创造型、供需匹配型和市场制造型三种平台的功能虽然侧重生产、流通和消费等不同领域，但内在的发展逻辑都是吸引更多用户使用平台，并聚合更多数据，运用数据技术进行分析，提升其数字平台的服务，随后进一步吸引更多用户使用，扩大平台规模，从而实现数字经济平台的内生发展。

平台在向市场提供服务的过程中积累的数据是平台赖以生存和发展的核心资本。数字经济时代的创新越来越依靠数据要素的投入，如果数字经济平台独占数据，有可能出现"单一创新者"的问题。"一家独大"可能造成市场竞争不足，行业创新迟滞，阻碍平台经济、数字经济产业的发展。

三、完善数字经济平台数据治理

从宏观层面来讲，规范数字经济平台的基础在于数据治理层面的规范，把平台经济的重要资源——数据治理好了，才能建立起有序、规范的平台经济市场环境，形成全面的、根本的、可执行的、可遵循的相关规范，这于对我国数字经济的健康发展具有重大意义。

互联网平台汇集了具有商业价值的海量数据，究其来源，小部分是从其他数据所有者处购买所得的，大部分是用户在平台上持续创造的。互联网平台能够汇集数据的前提是用户愿意使用该平台，平台需要向用户展现其价值，才能吸引用户使用。无论哪种类型的平台，用户都既是消费者，也是数据生产者，被视为数字经济时代的"产消者"。平台为用户提供免费或者低成本的便捷服务，同时用户让渡自己的一些隐私，这是平台发展的基本逻辑。

传统的平台问题，如虚假信息、商品安全、违法行为等，已通过平台技术在很大程度上得到解决，然而平台经济作为一种新的经济形式，在发展的过程中逐渐出现一些新问题，如数据隐私保护、大数据杀熟等。目前，数据治理成为平台经济治理的重点，数据是平台经济赖以生存的资产，其治理规范性会影响平台经济发展的质量。因此，围绕平台的数据治理，学界业界提出诸多路径。例如，构建计划主导型市场经济体制，由国家出资或控股互联网平台企业，将平台和数据国有化[①]；由政府、平台、用户等参与主体形成多元化监管平台，共同开展数据治理，这种方式下平台可以采取积极主动的行动来对数字时代经济社会的运行规则施加影响[②]；数据治理要先确定用户隐私保护的范围和规则，再实现数据共享，打破数据孤岛的情况[③]。

加强数字经济平台数据治理，不能简单地通过平台和数据国有化来解决。实行平台和数据的国有化虽然有助于消除平台经济领域所产生的用户与公司之间的不平等，但在实际应用中，国有化的治理路径存在多种问题。一方面，

---

① 王彬彬，李晓燕.大数据、平台经济与市场竞争——构建信息时代计划主导型市场经济体制的初步探索[J].马克思主义研究，2017（3）：84-95.

② 梁正，余振，宋琦.人工智能应用背景下的平台治理：核心议题、转型挑战与体系构建[J].经济社会体制比较，2020（3）：67-75.

③ 杨帆.金融监管中的数据共享机制研究[J].金融监管研究，2019（10）：53-68.

互联网平台国有化会耗费巨大的财政资源，且违背了社会主义市场经济的基本原则[①]；另一方面，数据国有化会使个人信息和隐私被视为公共资源，进一步使用户个人数据权益受限，个人可能面临的是对数据的财产权与控制权的全面丧失[②]。目前，平台拥有的海量数据是其通过提供服务所获得的，这些原始数据在过去的传统行业中也存在，只是因为存储技术的提升而被平台记录存储下来，并在平台经济这种模式下呈指数级增长。若是没有算法、大数据处理、人工智能等技术的支持，这些数据在生产经营过程中不具有使用意义，更无法像现在这样创造财富、积累资本。

数据与数据商品是不同的概念。最初，用户在平台上生成的内容只是庞大、没有逻辑、繁杂交错、零散的数据，这是数据商品的原材料，无法投入生产、消费领域，更无法产生价值。而互联网平台的数据工程师采用数据分析等多种方式处理、加工，从数据中提取有价值的信息，形成有交换价值的数据商品。数据具备价值不是因为它最初就是一种生产要素，一种新认定的资源，而是它转变为商品之后，是一种可交易资产，能够进行交易、传递信息、创造价值。为了更深入地处理数据，挖掘出更高价值的信息，头部互联网平台企业加大了在人工智能等方面的投入，以实现创新突破。数据向数据商品的转换是体现数据价值的关键，而这个过程是由市场行为所推动的。基于数据交易和数据定价的讨论，形成的初步认知是：数据交易的标的应该逐渐以处理过的标准化产品为主。标准化产品除了能够投放生产、创造价值外，还能在一定程度上保护个人用户的隐私。

针对平台的多元化治理，向平台方施加的平台责任对市场有动态影响。如果向平台要求更多的事前审查义务和事后侵权处罚责任，会提升平台的运营成本。在市场上都是小平台的情况下，这可能意味着没有一家平台能够真

① 李良荣，辛艳艳. 论互联网平台公司的双重属性[J]. 新闻大学，2021（10）：1-15，117.

② 丁凤玲. 个人数据治理模式的选择：个人、国家还是集体[J]. 华中科技大学学报（社会科学版），2021，35（1）：64-76..

正做大。例如，互联网监管最严格的欧洲没有全球头部数字经济企业。而如果形成大小平台同时存在的市场格局，相关监管成本在大型平台可承受的范围内，就会推动行业的规范性发展。受到行业规范约束，平台和用户之间的道德风险会被缓解。例如，平台利用市场优势采取垄断行为，侵犯甚至泄露客户隐私的行为需要付出相应代价。因此，更多开发商、生产商等会被吸引使用该大型平台。但对小型平台而言，监管成本却是附加的高昂成本，不利于平台间的公平竞争。

相反，如果降低平台责任标准，就会出现更多的创业型小平台，市场竞争性提高，同时增加监管负担，导致预期监管效果难以实现。在市场竞争的后半场，可能体现平台经济的特性——强者恒强。平台经济的发展趋势总是"一家独大"，数据、资源都会在数据积累的过程中不断向一家企业倾斜，某种程度上，这是市场竞争的结果。如果监管严格管制行业头部企业，导致其停滞，可能抑制整个行业的发展。例如，美国尽管认识到谷歌、脸书规模过于庞大的问题，但并未采取之前拆分电信行业的做法来拆分谷歌、脸书，担心损害美国在数字经济时代的全球竞争力。此前，美国电信巨头AT&T，其贝尔系统几乎垄断了美国的长途和本地电话业务。在1974年，美国司法部起诉AT&T滥用垄断地位打压竞争对手。最终，AT&T在1984年1月1日被拆分，拆分后的AT&T仅保留长途和国际电信业务，而原贝尔系统下的移动通信资产划给了7个地方电信公司，这些地方电信公司自此分别独立运营。

平台的监管治理存在两难问题，影响着市场发展动态。因此监管标准，特别是对平台责任要求的发布，需要仔细斟酌对市场的影响，政策不能一刀切，也不能放任自流。

第二节　央行数字货币：数据治理与数据定价

中国人民银行高度重视法定数字货币的研究开发。2014年，中国人民银行成立法定数字货币研究小组，开始对发行框架、关键技术、发行流通环境及相关国际经验等进行专项研究；2016年，成立数字货币研究所，完成法定数字货币第一代原型系统搭建；2017年末，经国务院批准，人民银行开始组织商业机构共同开展法定数字货币研发试验。自试点启动以来，数字人民币应用场景不断丰富，交易金额、存量不断增加。截至2023年10月，数字人民币试点范围已扩大至17个省份的26个地区，数字人民币加快融入百姓衣食住行的各个领域。①

数字经济的发展离不开海量真实交易背景下的数据支撑，对数据的治理不是完全杜绝数据的获取和使用，而是要让数据的获取和使用更加有据可循，防止数据的过度采集和滥用，建立和完善数据获取和使用的补偿机制，最大化实现现有数据价值。而央行数字货币（Central Bank Digital Currencies，CBDC）的发行，有助于推动形成更理想的数据治理机制。

一、央行数字货币的基本概念

什么是央行数字货币？与我们接触到的其他类型货币相比，央行数字货

---

① 马春阳. 数字人民币助力节日消费升温[N]. 经济日报，2023-10-13（07）.

币有什么特点？要想回答上述问题，需要先从四个维度来认识货币：一是货币发行的主体，是央行还是其他机构或个人；二是货币存在的形态，是电子的还是物理的；三是货币的发行对象，是面向普通公众的还是特定机构的；四是货币的转移机制，是采用中心化的还是去中心化的方式的。

人们日常生活中使用的纸币就是央行发行的、物理的、面向公众使用的、去中心化的货币，而商业银行在央行缴纳的存款准备金则可以视为央行发行的、电子状态存在的、面向特定机构使用的、中心化的货币。在没有央行数字货币的时代，普通民众没有渠道直接接触电子化状态存在的、以央行作为债务人的货币。而诸如中国工商银行等商业银行电子账户中的存款是电子化的货币，是商业银行发行的、电子状态存在的、面向公众的、中心化转移机制的货币，其发行主体并非央行。

严格地讲，CBDC是央行发行的、以电子状态存在的货币，根据不同的分类标准，可以进一步细分。基于发行对象的差异，可以分为面向公众发行的零售型CBDC和仅限于商业银行等机构使用的批发型CBDC。而基于转移机制的不同，又可以分为基于账户制的CBDC和基于代币制的CBDC，前者的技术路线类似商业银行的银行存款账户管理，而后者的技术路线则近似私人加密数字货币的数字钱包管理。

基于覆盖地域范围的不同，CBDC也存在适用范围的差异：境内使用的CBDC和跨境支付的CBDC。其中，跨境支付的CBDC一般是设计为限制在金融机构间使用的CBDC，即批发型CBDC，这会对当前主导跨国支付清算的SWIFT体系（环球同业银行金融电信协会管理的国际结算系统）构成直接挑战。而如果跨境CBDC用于零售支付，则会对应用国主权货币带来较大的冲击，甚至不排除废弃缺乏稳定性价值的本国法定货币的可能。如果将其定位为境内使用的CBDC应用于机构间支付，相较于传统依托账户的机构间支付体系，CBDC的显著特征为可依托区块链技术实现去中心化；如若应用于零售场景，CBDC在技术路线上有更广阔的选择空间，这也是当下理论及实务探索的重点之一。

CBDC的发行举世瞩目，其主要原因是应用于零售端的CBDC将首次成为公众能够使用的以央行作为负债人的电子化货币，这将对经济和金融市场产生深远的影响。而一旦CBDC依托区块链等技术实现智能支付和智能资金监控，对于推动数字经济向智能经济全面升级具有战略意义。

二、央行数字货币的定位

数字经济时代，以比特币为代表的加密数字货币的兴起带来货币发行非国家化的尝试。尤其自2019年6月份以来，脸书计划推出追求实际购买力相对稳定的加密数字货币——天秤币（Libra）[①]，引发了各国的CBDC研发竞赛。鉴于Libra及其联盟伙伴在数字化世界中积累了数以十亿计的活跃用户，其拟定推出的加密数字货币无疑将对全球金融市场和各国货币主权带来巨大冲击。央行数字货币作为私人加密数字货币的有效应对措施，将成为国家货币主权意识在数字经济时代的新实践。

全球主要国家都在积极探索发行CBDC的可行性，但在是否有必要发行CBDC以及如何发行CBDC等方面存在较大争议。[②]多数国家都在主动采取措施，争取掌握决定CBDC发行与否的主动权。一些国家正在审查和修订立法，旨在为发行CBDC提供法律支持；还有一些国家正在积极开展试点项目，以探索CBDC发行的可行性及其潜在经济影响。多数国家的央行均与私营部门展开密切合作，拓展CBDC和金融科技的研究资源。

关于各国央行为什么要发行CBDC，尤其是零售型CBDC，众说纷纭。

---

① Libra原计划锚定一篮子货币，其价格与一篮子货币的加权平均汇率挂钩，但受到监管部门的反对，因此，2020年12月1日，脸书官网将原Libra更名为Diem，计划推出仅锚定美元的数字货币，这一做法主要是强调该项目的独立性，从而获得监管部门的批准。

② Mancini-Griffoli T，Peria M S M，Agur I，et al. Casting light on central bank digital currency[Z]. IMF staff discussion note，2018：8.

除了应对私人加密数字货币的竞争外，主要有以下观点①。一是为了铸币税。有观点认为以银行电子存款为代表的私人电子货币的广泛使用减少了人们对于现金的需求，导致央行铸币税减少，从而造成央行的开支需要依靠财政。央行出于稳定铸币税以维护央行在财务独立性的目的，需要发行CBDC。二是提高货币政策的效率。为了刺激经济，一些欧美国家和地区央行持续降息，已基本降至零利率，继续降息就要进入负利率时代，只有让CBDC取代现金，才能通过对CBDC支付负利率限制居民持有现金的额度，倒逼银行部门实现负利率的目标。三是增加支付系统的竞争力。对于一些发达经济体而言，市场自发形成的卡特尔组织寡头市场格局使零售支付存在费率过高的问题，给经济发展带来不利影响，而通过发行独立于现有支付清算体系的CBDC，有望激发零售支付市场活力。四是提高金融的普惠程度。由于CBDC只需要依托数字钱包，独立于现有银行账户，在一定程度上满足缺乏银行账户的用户的金融需求，提高金融服务的可获得性。五是减少犯罪。CBDC的优势在于可控匿名，在实现交易双方匿名的同时，实现对第三方央行监管的不匿名，从资金监控角度防范偷税、恐怖融资和洗钱等违法行为。

　　相较于发达经济体，发展中国家和地区发行CBDC的激励更充分，零售型CBDC推出较快，但大多以失败告终。例如，鉴于恶性通货膨胀的影响，厄瓜多尔早在2001年就放弃了本币苏克雷而实施美元化，但私人加密数字货币兴起后，国内居民开始大量使用比特币，这启发政府当局以CBDC形式重新发行本国法定货币，并于2015年2月正式落地发行厄瓜多尔币。但是，电子化的央行信用也无法挽救社会公众对本国央行的信任危机，得不到民众使用的厄瓜多尔币在2018年4月宣告停止运行。乌拉圭央行于2017年11月启动了一项试点计划，旨在发行、流通和测试e-Peso（电子比索），以推进其更广泛的普惠金融目标，但经过6个月的比索数字化试点，当局决定不再使用，并取消所有已发行的e-Peso。

---

① 陈文.央行数字货币：概念厘清、政策考量与各国进展[J].中国外汇，2020（15）：11-13.

对于发达经济体而言，正式落地的CBDC尚未出现，大多处于实验研究和试点阶段，新加坡和加拿大对批发型CBDC的研发进展较快。加拿大银行和新加坡金管局于2019年合作开发Jasper-Ubin项目，在没有中介代理的情境下，实现了跨境、跨币种和跨平台支付的数字货币应用。欧洲中央银行（ECB）于2019年底发布了名为EUROchain的CBDC概念验证项目，同样定位为批发型CBDC。自脸书宣布Libra计划后，发达经济体对零售型CBDC的研发兴趣整体提升。

中国人民银行早在2014年就正式启动法定数字货币的研究以论证其可行性，2015年持续充实力量展开关于CBDC的九大专题研讨，2016年组建中国人民银行数字货币研究所，专门负责法定数字货币的研发。目前中国版央行数字货币定名为"数字人民币"，在完成顶层设计后，已经在部分城市开展数字人民币试点工作。

三、数据治理视角下零售型央行数字货币的技术实施路线

CBDC数据治理价值的实现与其技术路线息息相关。基于国际清算银行的研究报告[①]，将不同技术实施路线下的CBDC分类整理，如图8-1所示。相比中心化、账户制的现有电子支付手段，去中心化、代币制的CBDC无疑更具有技术变革性。

---

① AUER R，BÖHME R. The technology of retail central bank digital currency[J]. BIS Quarterly Review，2020（3）：85-100.

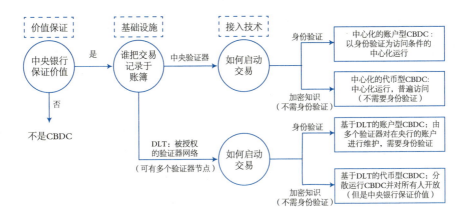

图8-1 技术实施路线与CBDC分类

银行账户转账模式需要一个中央验证器，也就是商业银行。商业银行作为中央验证器必须确定发起支付行为的一方是该银行账户的合法持有人，甚至还要识别接受支付一方的身份，即需要对交易双方的身份进行验证。中央验证器存在的原因，一方面是商业银行作为商业存款中心化存储机构对于储户的必要义务，另一方面是中央银行对于反洗钱等监管要求的规定。而在纸币交易过程中，并不需要这样一个中央验证器。例如，我们用现金在菜市场买菜时，卖菜商贩在收纸钞时只需要通过各种便捷方式确定纸钞是否是真币，不需要跑到中央银行或者商业银行去确定纸钞的真伪，也不需要确定我们获取纸钞的来源，即只需要知悉但不需要进行身份验证。

从数据治理的角度看，CBDC的实施技术路线决定了支付交易的验证机制和数据信息更新机制，并形成差异化的匿名程度和数据分享机制。

第一，基于账户和基于代币的支付系统，两者转移机制不同，在识别要求上存在较大差异。其中，基于账户的支付系统应当标识付款账户的持有人，实现的交易是实名交易；而基于代币的支付系统需要识别的是被传输对象的真实性，交易双方可以实现匿名交易。央行数字货币可以实现部分匿名，而匿名程度的可控性可通过账户松耦合实现。有学者给出二元信用发行机制下账户松耦合的设计：商业银行与中央银行之间是账户制，商业银行向央行缴纳100%准备金；而商业银行与居民部门之间是代币制，且出于平衡隐私性和安全性的考虑，采取账户松耦合，居民部门可以自主选择绑定代币与银行账户。[①]在实践操作中，可以在商业银行传统账户体系上引入数字货币钱包属性，实现在一个账户下既可以管理现有电子货币，又可以管理数字货币；转账关系既可以是在商业银行系统内转账，又可以是利用客户端的数字货币钱包实现点对点匿名交易。在这一设计下，居民可以通过选择绑定账户与否来自愿决定是否进行实名交易，从而拥有微观数据治理的主动权。

第二，不同机制下的信息更新和获取方式存在差异。现金和比特币作为典型的代币系统，无论是信息更新方式还是信息获取方式都是去中心化的。但是，现金交易并不自动产生交易信息记录，而比特币系统中的记录通过工作量证明的方法以分布式记账方式进行更新。代币系统模式下的央行数字货币实现的"匿名"并不是不产生任何交易数据，而是产生的相关交易数据不与实名的人相绑定，只体现钱包地址间发生的交易信息，相应信息可以备份到所有节点，不过全量信息只备份到中心节点。从大数据利用的角度来看，一方面，代币制下的交易可以保护敏感隐私数据，实现交易信息的数据"脱敏"，在不侵犯个人隐私的前提下，可以有效利用这些数据，展开相应的大数据分析；另一方面，正因为相应交易信息的身份"脱敏"，无法与实名制的数据信息结合在一起进行有效分析，从而导致CBDC交易数据可能和其他数据相互割裂，在多渠道来源数据的使用上，无法实现"1+1＞2"的效果。而基于上述账户松耦合的技术路径，居民可以选择把代币与银行账户绑定，从而允许交易数据实现实名匹配，如此可整合不同渠道间实名制数据信息。

充分发挥CBDC数据治理功能成为在二元信用发行机制下采取账户松耦合的代币制CBDC的理由。如果采取中心化的、账户松耦合的代币模式，商业银行可以成为数据存储的中心汇集点。出于避免形成"数据孤岛"的考虑，

---

① Kahn C M, Rivadeneyra F, Wong T N. Should the central bank issue e-money?[J]. Money, 2019：1-18.

可以由中央银行成立专门的金融科技公司或者指定诸如银联、网联等清算机构，负责各家银行的CBDC交易数据统一汇集工作，在满足中央银行"反洗钱、反恐怖融资和反逃税"等监管需要的基础上，可以考虑以适当方式向市场开放数据：一方面向市场机构开放基于个人身份信息"脱敏"的大数据使用权；另一方面在经由个体授权的基础上，向市场机构适度开放个人隐私数据，从而充分挖掘CBDC交易形成的支付数据的经济价值和社会价值。

四、基于CBDC的数据定价交易机制

CBDC的部分匿名是一种针对隐私数据的开放机制设计，数据所有者可以选择将所有交易数据信息向所有人公开，也可以选择仅分享部分交易数据或者在局部范围分享相应数据，还可以选择除满足央行合规审查要求外，不做任何对外交易数据的分享。对于居民部门中的个体而言，适度开放必要的隐私数据，可以在数字经济时代享受到对应的最优商品和服务。如果不开放任何隐私数据，既难以获得市场上的商业部门对其提供的更有价值的商品推荐服务，又难以获得银行部门有价值的贷款服务。在数字经济时代，各类相关机构越来越多地基于数据分析提供个性化、定制化的服务，彻底的隐私保护可能意味着无法实现有价值的交易。个体分享超过其自主意愿程度的隐私数据的激励在于，能够获得与自身隐私效用损失相对应的补偿。例如，互联网企业在邀请个人用户填写个人隐私信息、授权绑定银行卡信息时，往往给予红包奖励作为所获得的个人隐私数据的补偿。因此，对于普通个体而言，要把握暴露自身隐私数据的策略，相关政策工具要平衡数字经济发展对个人隐私数据的需求，以及个人对于隐私数据保护的要求之间的矛盾。

构建隐私数据的补偿机制，可以参考CBDC的付息性和匿名性。由于CBDC的利息可正、可负，也可为零，在CBDC运营系统后台实名的情况下，理论上央行可以通过向CBDC持有人支付差异化的利息（正利息或负利息），由此在数据交易过程中建立向数据需求方收费和向数据供给方付费相结合的

定价机制。从鼓励使用CBDC以产生更多数据的角度出发，可以基于CBDC交易额以及CBDC交易数据分享和使用情况，对于持有CBDC的居民部门进行动态调整的正利息支付；对于企业部门既可以采取对其持有的CBDC余额执行"负利率"的收费机制，也可以参考银行卡（含借记卡、贷记卡）刷卡消费中转接清算组织和银行根据交易金额和交易笔数向商户收费的模式。CBDC运营方在实际交易中根据商户是否需要消费者的相关数据、所需数据信息的隐私程度，以及使用数据创造的实际价值高低进行差异化收费，这就需要建立金融数据的分级体系。

在讨论基于CBDC的付息性和匿名性设计补偿机制之后，如何确定数据的价格仍存在实施难点，这集中体现在数据价值的双向不确定性和数据供给的负外部性上。从数据治理的角度看，基于数据使用价值的条件，触发付息机制有助于解决数据定价交易的双向不确定性，即只有交易数据真正产生价值时才确定数据需求方持有的CBDC的负利率（收费）以及数据供给方持有的CBDC的正利率（付费）。而关于数据供给的负外部性，由于不同机构拥有的个体隐私数据存在一定的交叉性，特定数据提供方并未考虑其提供个人隐私数据对其他人带来的负外部性，会造成数据供给过度问题。这也为发行引入区块链技术的代币型CBDC提供了理由，从而实现对于移动支付交易数据的高效确权，以及基于外部性因素形成社交网络数据的定价机制。

基于上述分析，CBDC发行方——央行可以作为数据中介服务商的身份存在，围绕个人隐私数据保护和有序交易优化CBDC的相应特性，促使数据需求者和数据供给者达成有效交易。由此，本书通过构建央行、数据提供方和数据购买方的三方模型，形成央行作为数据中介服务方对于个人隐私数据的最优定价机制，以及个人对自身隐私数据供给的最优策略（图8-2）。关于数据的交易流程设计，可以是央行先从个人手中得到数据，再根据已掌握的个人数据情况出售给数据购买方，也可以是央行先采集数据购买方的需求，再将需求传播给作为隐私数据提供方的个体。一般而言，对于身份脱敏数据的汇集和处理，可以采取前一种交易流程；而对于涉及个人实名隐私数据的获取，则采取后一种交易流程。

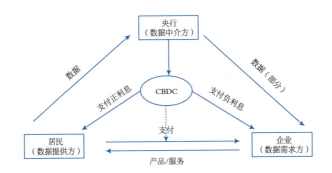

图8-2　基于CBDC付息性和匿名性的数据交易结构①

　　现实中，数字平台经济企业对于运营过程中产生的用户数据可以获得内部体系变现的"收益权"，但由于数据"所有权"界定存在法律、技术等诸多方面的障碍，在推动数据外部交易方面比较困难。在基于尊重个人拥有数据"所有权"的前提下，CBDC及其数据治理价值为推动数据外部使用和交易提供了技术支持。2022年，北京国际大数据交易所表示，考虑以数字人民币作为数据交易的支付结算货币。

① 陈文，张磊，杨涛. 数据治理视角下央行数字货币的发行设计创新[J]. 改革，2020（9）：68-79.

第三节 完善数据要素市场建设

平台经济的规范和数字经济的健康发展离不开数据治理，规范化的数据定价和交易模式亟待形成。数据治理的第一步是应尽可能以标准化的数据产品作为交易标的，这样不仅能将数据商品化、资产化，从而挖掘数据价值，还能解决保护用户隐私和数据原始价值难以确定等数据交易实践中的难题。央行数字货币可成为解决数据治理问题的重要政策工具，在多元化的数据治理机制中，央行可以作为数据服务中介商促进数据定价交易机制的形成，促进数字经济的健康发展。

一、完善数据确权与数据用益权

数据确权是推动平台经济治理的重点和难点，数据确权会影响数据交易、数据定价的合理性。科斯定理无法应用于数据确权问题，因此应当考虑数据的性质，做好数据分级工作，探讨哪些数据需要确权，哪些数据无须确权的问题。这就需要拓展数据分级的覆盖范围并持续完善数据分级的标准，深入健全数据分级制度。数据分级的维度包括数据是否涉及国家安全、是否涉及公众权益、是否涉及个人隐私、是否涉及企业合法权益等，从多个维度推动数据的分级和规范使用。数据分级从源头上解决数据治理的难题，是规范数据治理、完善数据要素市场、建设构建数字中国的基石。

以个人数据为例，考虑到生产经营中实际使用的数据一般为大数据概念下的数据，并不涉及个人用户隐私，因此对于不涉及个人敏感信息的数据，可以考虑将数据确权给生产运营中获得相关数据的企业；而对于涉及个人敏感信息的数据，应当尊重个人的隐私权，平衡个人隐私损失跟数据用于生产能够创造价值之间的矛盾。考虑到数据的确权界定在法律上难以在短期内得到共识并形成相关条例的现实，相较于数据确权，现在更具可操作性的是数据收益权的分割。一方面，明确企业具有数据收益权，搁置围绕数据所有权的争议，推动数据在生产使用中实现价值；另一方面，推动数据收益权在运营数据的企业和数据最终供应者之间合理分配。例如，企业通过提供免费或适当收费的便捷服务与用户交换个人数据，但企业通过不断将用户数据用于各个场景实现持续获益的边际成本几乎为零，因此，一次性买断的付费方式并不合适。在这种情况下，企业可以构建用户分享收益模式，分割数据的收益权，向用户返还数据红利，作为其产生数据并允许企业使用数据的报酬。

在现有法律法规未明确规定企业之间数据财产权属的情况下，为了明晰各自的权利范围、行为界限，企业之间可以根据"意思自治原则"，通过合同约定划分彼此对于数据、信息的权利范围。例如，企业可以构建封闭型的行业数据平台，行业内的企业以自愿原则加入平台成为会员。行业数据平台的数据共享采用免费或者适当收费方式，从而促进行业内企业间的数据共享，推动产品和服务的研发，提升会员企业的运营能力。

情景依存的有限产权是数据权利归属的解决思路之一，即数据产权不应采用"一刀切"的方式，数据产权配置必须基于特定的数据开发利用情景，依据不同类型数据的经济属性、数据的使用目的、数据的价值创造和数据的时效性等情景因素来分析。根据不同主体对数据形成的贡献和程度的不同，设定数据原发者拥有数据所有权与数据处理者拥有数据用益权的二元权利结构，这样可以实现数据财产权益分配的均衡。数据用益权既可以基于数据所有权人授权和数据采集加工等事实行为取得，也可以通过共享、交易等方式继受取得。

二、探索数据产品创新，优化数据定价策略

数据集定价主要依据市场交易数据的积累和反馈，不断调整和优化定价机制，这种方法取得了显著的经济成效，实践中基于反馈机制的数据集定价已得到广泛使用。在确权非隐私敏感数据集为企业获得用益权的前提下，应充分调动企业的积极性，提高其开发标准化数据产品的能力，通过标准化的数据产品交易解决数据交易低频问题。针对定制化数据产品，有关机构可以设置相应的行业标准和司法纠纷处理机制，提升自行磋商定价的效率。

需要注意的是，针对金融等数据变现价值最大的领域推出标准化的数据产品须有牌照支持。例如，企业征信牌照、个人征信牌照等。由于缺乏牌照支持，部分企业在数据交易过程中往往绑定销售其他服务费。例如，金融机构收取系统服务费、客户营销费等，使数据定价收费具有隐蔽性。解决这类问题，既可以通过强调数据变现业务的持牌经营或发放充足的牌照确保数据变现市场的活跃度；也可以适度淡化在金融领域数据变现的牌照要求，推动合规前提下的企业间的数据共享。事实上，考虑到应用于生产的多是大数据概念下的众多个体产生的数据，不涉及个人隐私信息、脱敏身份信息的数据可以完全由单纯的技术公司完成商业价值的提升。

数据定价需要同时考虑数据供应方和数据需求方的激励问题。基于数据应用于生产创造的剩余价值，构建数据提供方和数据购买方合理的分享机制，能够充分调动双方的积极性，促使数据提供方提高数据质量，数据购买方提高数据在实际生产中的效用。就个人数据而言，建立对于原始个人数据提供方的合理补偿机制，从而在尊重个人隐私权的前提下，提高个人数据的有效供给。针对原始数据定价的相关实践，企业构建对原始数据提供方的收益补偿机制，从而获得更多数据的用益权，并解决个人数据运营过程中的相应法律瑕疵，推动数据要素市场的建设。

央行数字货币的推出有助于形成更理想的数据治理机制，有助于形成智

能型的数据定价机制。可以预想，在央行数字货币交易对央行后台实名的情况下，央行数字货币的自身应用能够积淀大量极具价值的数据，拓宽个人征信的范围，央行数字货币付息可为个人在日常交易中创造的数据提供经济补偿。对于可追踪交易全流程的智能型央行数字货币而言，其在数据定价和交易方面的应用具有较大的潜力。这也是北京国际大数据交易所在成立之时宣布探索央行数字货币应用于数据交易支付结算的原因之一。

三、推动数字经济企业ESG建设，完善数据治理和使用规范

有关企业社会责任的ESG是近年来学界和业界讨论较多的话题，并得到许多互联网头部平台的认可。ESG是三个英文单词首字母的缩写，即环境（Environmental）、社会（Social）和公司治理（Governance），是评估企业在促进经济可持续发展、履行社会责任方面的重要依据。在数字经济时代，数据治理是企业ESG的重要表征。具有公益精神、愿意承担社会责任的企业会主动承担数据治理职责，在企业内部形成数据治理的规范。

以头部互联网企业腾讯为例，2021年上线的腾讯隐私保护平台，以透明化为出发点，使用户能够通过隐私管理查看相关指引、修改隐私设置、注销账号、管理应用授权，覆盖通信社交、数字内容、金融科技、工具等四大类，增强用户对产品的隐私管理，采取实际行动落实对用户的个人信息保护。同时，腾讯隐私保护团队与腾讯安全实验室联手，建立从数据收集、存储、访问、处理、共享、删除的全周期合规管理制度，最大限度地实现数据积累过程中的合规性，实现对个人隐私的保护。

2019年，腾讯提出"用户为本，科技向善"的使命和愿景。"科技向善"有两个层面的含义：一是实现技术为善，二是避免技术作恶。避免技术作恶是基础，技术为善才是促进可持续发展的关键。对用户个人隐私数据的保护是腾讯科技向善的体现，从保护数据、收集数据、使用数据、管理数据、数据服务等多个方面全面地健全企业内部数据治理理念与机制。企业主动保护

用户隐私，与用户建立良好、可信赖的合作关系，是企业创造可持续社会价值的有效途径。

腾讯的ESG治理还将"碳中和"与数据治理结合起来。在海量数据的收集、处理、存储，甚至销毁的过程中，都会消耗大量的"碳"，作为首家提出"数据碳中和"概念的企业，其意义不仅在于关注于绿色经济，更在于强调"数据收集有限度、数据使用有态度"的理念，从企业内部管理和理念机制上减少信息过度采集、信息滥用的现象。

平台企业的ESG治理、数据治理远不止企业对用户隐私的保护和与绿色经济的结合。在数据积累和使用过程中避免侵害相关利益方和行业垄断，打破信息孤岛，促进数据定价交易体系的建立，与创造数据的终端用户建立数据收益共享或收入补偿机制等，都是未来企业ESG治理下数据治理的突破方向。平台经济治理需要落实到数据治理的层面，监管部门需要建立数据治理的相关规范，并引导企业内部治理，最终实现科技向善。当越来越多的数字经济企业重视自身ESG治理，将可持续发展作为战略目标，完善的数据治理将成为行业整体实现科技向善的基本规范。

四、数据要素市场和数据生态体系建设

完善数据要素市场的建设应从两方面入手。

第一，政府积极作为，充分调动市场机构建设要素市场的积极性。在培育数据要素市场的过程中，"有为政府"和"有为市场"缺一不可。政府在培育数据要素市场的作为一方面体现为积极开放公共数据，另一方面体现为推动兼顾社会公益性和市场营利性的数据交易平台的制度建设。大量具有生产应用价值的数据实际掌握在企业部门手上，并且数据要素通过企业的数据加工处理才能在生产过程中实现价值最大化，因此，必须充分调动市场机构的积极性。政府可以在引导数字经济头部企业发挥公益精神的基础上，尽可能创造条件让市场化主体参与甚至引导数据要素市场基础设施建设，政府自身

更多定位为规则制定和防范无序竞争的角色。

第二，积极探索数据"入表"实现资产化。目前，财务会计制度和准则还没有明确统一针对数据产业和数据资产的相应制度和实施办法。未来应该积极探索让数据作为一项资产计入财务报表，并健全与其相关的会计处理方法，完善其价值评估的流程和规范，数据资产"入表"可以显著改善数字经济企业的资产负债表状况。考虑到数字经济企业大多会在扩张期面临传统财务上的亏损，在传统资产负债表制度下净资产甚至为负，而这些企业一般拥有海量的数据，所以数据"入表"资产化有助于推动其投资转让、融资贷款等服务，使数据对于企业的价值最大化。

五、构建国家数据管理体系

从国家层面构建数据管理体系，是加强数据要素市场顶层设计的核心工作。构建国家数据管理体系是建设数据要素市场、发展数字经济、建设数字中国的必然要求，应从以下三方面入手。

第一，进一步完善数据相关法律法规建设。一方面，这是提高数据质量和数量的制度基础，明确数据采集、加工处理、公开共享、使用等环节的标准与规定；另一方面，以法律法规明确数据开放的边界与范围，解决个人信息保护不力与数据滥用等问题。考虑到数据跨境流通的客观事实，要与世界主要国家数据政策制定机构积极沟通，就相关事宜形成动态衔接。这不仅有利于我国在全球数据市场规则制定方面起到引领作用，也有利于在维护国家数据主权的前提下，保障我国数据市场的国际交流合作，提高与国际数据市场的高效沟通。

第二，建立国家层面的与数据要素相关的统计核算体系。要充分发挥数据要素对其他生产要素的联动促进作用，以及对产业经济升级的积极作用，就必须建立完善的统计制度核算数据要素总量，推动商品生产消费与数据产能的正向反馈。在对数据要素等相关概念进行充分界定的基础上，进而建立数据要素的统计制度，明确数据要素在不同的加工过程中增加值的核算，数据事后交易流通，即在不同交易者之间流通的价值核算，以及数据收集、加工、使用等多个环节的利益分配、资产界定、产权确定的问题。

第三，推动和完善地方大数据管理体系的建设。政府大数据管理机构的主要职能虽然包含汇聚整合公共数据、社会数据，但数据内容仍明显侧重公共数据中的政务数据。目前，数据管理机构尚未形成从上到下、从中央到地方的统一管理，各地数据管理局（中心）的联动还有待加强，地方数据管理与共享的程度不一，政府部门和商业部门的数据分管归口不同。大数据管理局（中心）的职能需要中央层面的界定，发挥大数据管理局在数据跨部门综合协调方面的作用，推动中央和地方在大数据管理方面的无缝对接。地方政府要将政务数据进一步整合，逐步实现分级开放，大力提升政府数据开放的市场化程度。针对政府数据的开放，可以探索基于弥补成本的定价方式，构建可供查询的数据库，实现基于查询的数据交易模式，在这个过程中有步骤地加快公共数据的开放，探索政府数据和私营部门数据共享的有效机制。

后　记

自2018年深化党和国家机构改革以来，地方政府持续发力数字建设，设立数字经济发展局、大数据管理局等机构，为我国数据要素市场的建设提供有力支撑。但是，在如何发展大数据产业的问题上，政府工作人员仍心存困惑。针对数字经济和大数据管理领域的政府工作人员，数字经济和大数据产业从业人员，以及关注数字中国建设的广大读者的需求，本书梳理了我国数据要素市场建设的背景与现状，以期帮助读者构建整体认知。

全书由八个部分组成，形成递进关系。

第一章为正确认识数据与数据要素，基于对于生产要素史的梳理，区分了知识、信息、数据三者之间的区别和联系，形成对作为生产要素的数据的有效界定。

第二章为国内外数据要素交易实践发展，在对比国内外数据交易实践的基础上，整理了国内外数据交易的主要模式。

第三章到第五章，基于数据要素交易实践，明确数据交易的三大难题——数据确权、数据定价和数据治理。其中，第三章为数据确权，明确数据确权的难点所在，探讨数据产权如何在多元化主体间进行划分，以及如何基于数据分级有效开展数据确权。第四章为数据定价，基于文献对于数据定价的理论研究进行梳理，得到数据定价的基本模型，并探讨数据定价的市场实践。第五章为数据治理，围绕数据标准化和质量管理、数据可信流通与共享，以及数据安全和监管等三个维度展开。

第六章基于数据要素市场问题，探讨数据资产的管理、运营和数据资产生态体系的构建。

第七章，结合本书的定位，明确数据要素市场建设中的"有为政府"的作用，系统介绍政府大数据政策支持现状，以及数字政府建设与政府数据开放，并就政府大数据平台建设进行探讨。

第八章，结合我国数字平台治理的当下举措，探讨如何协调数字经济发展和数据市场建设，并就数字人民币作为新型政策工具在其中的作用进行探讨，形成对于未来数据要素市场的展望。

本书在写作过程中得到许多对于数字经济充满研究热情的年青人的帮助，他们在材料搜集整理和案例研发方面付出很多。他们分别是原就读于西南财经大学的王潇湘、郑海山、洪贞楠、刘魏姣、常琦、覃瑶、王思纯、赵慕融、杜诗雅、杨雨宁、刘伟煜，原就读于中国农业大学的严丽敏、鲁原，原就读于中国政法大学的魏志恒，以及原就读于北京外国语大学的关琦凡等。

数字经济的发展需要坚持开放包容的精神，其成长与成熟离不开数字经济领域的研究学者、市场从业者、政府工作者的共同努力，推进技术进阶迭代，扩大产业规模，推动相关政策落地。相信，随着相关研究的深入，学界定能为数字经济和金融科技提供更多智力支持。